좋은 매너에 관하여

좋은 매너에 관하여

인생을 빛내는 작고 우아한 태도들

권은순 지음

BOOKERS

오늘도 매너를 지키며 살아가는

_____ 에게

Prologue
매너는 배려에서 시작합니다

　타인에 대한 배려심이 곧 매너라고 생각합니다. 처음 만나는 사람도 매너가 좋으면 호감이 올라가고 친구와 동료, 선후배로 오래 알고 지낸 사람들 중에서도 좋은 태도를 지닌 이들과 더 깊이 지내고 싶은 마음이 생기지요. 심지어 가족 간에도 따뜻한 배려가 필요한 순간을 우리는 수시로 맞닥뜨리곤 합니다.

　저는 직업 특성상 해외 출장을 많이 다닌 편입니다. 지금 헤아려보니 출장 다닌 국가만 이십 개가 넘습니다. 여자가 해외 출장 다니는 게 흔치 않은 시대였는데, 저는 참 운이 좋은 셈이었지요. 유럽과 미국을 비롯해 해외의 좋은 디자인을 많이 보고 경험과 역량을 쌓는 게 중요했어요. 주로 영어 잘하는 직원이 동행했기에 어느 나라를 가도 일하는 데는 문제가 없었고, 디자인이라는 영역만 잘해내면 되었습니다.

하지만, 문제는 다른 데에 있었습니다. 유럽에서는 파티가 일의 연장선인 경우가 많았습니다. 처음 파티에 초대받았는데, 그곳에 있는 내 모습이 영 맘에 들지 않았어요. 어떤 자세로 서 있어야 할지도 모르겠고 잘 차려진 음식을 어떻게 먹고 마셔야 하는지 잘 몰랐습니다. 잔뜩 경직되었고 불편해서 나는 이런 문화와 안 어울리는 사람 같았고 얼른 그 자리를 피하고 싶었지요.

한국에 돌아와 바로 매너 스쿨에 등록했습니다. 당시에는 전문적으로 매너를 가르치는 곳조차 많지 않았어요. 스튜어디스 출신 강사가 "안녕하십니까" 하고 인사하는 법부터 가르치는 과정이었고, 주로 영업이나 판매 사원들을 위한 교육이 많았습니다.

매주 3회, 퇴근 후 열심히 수업을 들으러 다녔어요. 회사 끝나고 수업 시간 맞추기가 쉽지 않았지만, 당당하고 세련된 매너가 필요하다고 생각했기 때문에 열심히 했던 기억이 납니다. 이 스쿨에서 비즈니스 매너, 국제 매너, 테이블 매너 등 다양한 커리큘럼을 이수했고, 결국 강사 자격증 코스까지 마스터했습니다.

　출장을 자주 다녔기에 이때 배운 내용을 출장지에서 연습할 기회가 많았습니다. 어디서든 예의를 지키며 자연스럽게 행동하는 내 모습이 비로소 마음에 들게 되었어요. 스스로가 한 단계 업그레이드된 기분이었습니다.

　이 경험은 한참 시간이 흘러 사업을 할 때도 많은 도움이 되었습니다. 기회가 있을 때마다 매너에 대해 배우고 실천하려 노력했어요. 마음에 드는 커리큘럼이 생기면 외국으로 떠나 배웠고, 간 김에 여행도 하고 돌아오곤 했어요. 그랬더니 이제 매너에 대해 이야기하고 도움을 주는 사람이 되고 싶다는 또 다른 꿈이 생기게 되었습니다.

　이십 대 초반에 디자이너로 일을 시작해 사십 년이 지난 지금에도 저는 언제 어디서나 매너 있게 말하고 행동하기 위해 노력합니다. 나이가 좀 들었다고 지위가 좀 높다고 함부로 말하고 행동하는 사람들을 보면 안타까울 때가 많답니다.

동료나 후배, 가까운 지인들에게 매너가 좋다는 이야기를 많이 듣습니다. 그런 칭찬을 들으면 기분이 좋아집니다. 저의 일상을 나누는 SNS에도 배려하고 소통하는 매너의 중요성에 긍정의 반응을 보여주는 이들이 참 많습니다.

책에는 조금 더 다양하고 조금 더 깊은 이야기를 담고자 했습니다. 좋은 매너를 갖는다는 건 나와 타인에 대한 배려를 기본으로 합니다. 서로 적당한 거리를 지키며 배려하고 배려받는 세상을 소망합니다.

Contents

프롤로그 · 6

1
일상의 매너
멋지고 당당하게 행동합니다

좋은 인상을 만들어보세요 · 16

만나면 기분 좋아지는 사람 · 21

바른 자세를 잃지 말아요 · 26

Manner Tips _ 바른 자세, 이렇게 하세요 · 30

잠시 기다려주세요 · 34

뉴욕이 내게 가르쳐준 것들 · 38

Manner Tips _ 뉴욕의 매너 · 42

식사와 함께하는 비즈니스 미팅 · 46

Manner Tips _ 반드시 지켜야 할 식사 매너 · 50

와인을 즐겨요 · 54

Manner Tips _ 와인을 마실 때 기억하세요 · 58

가끔은 파인 다이닝 · 62

때로는 홈 파티 · 66

편안하고 품격 있는 식사 · 70

Manner Tips _ 알면 더 즐거워지는 테이블 매너 · 74

2

대화의 매너
다정하되 단호하게 말합니다

말투만 바꿨습니다 · 80

호칭의 중요성 · 85

*Manner Tips*_ 어떤 상황에서도 당황하지 않는 호칭의 매너 · 88

마음을 움직이는 대화의 기술 · 92

*Manner Tips*_ 친절과 존중을 무기로 하는 설득의 노하우 · 96

가까운 사이일수록 경청합니다 · 98

칭찬은 누군가를 웃게 하고,
누군가를 바꿉니다 · 102

*Manner Tips*_ 진심을 담은 칭찬의 기술 · 106

어른의 태도 · 108

침묵을 지켜야 할 때 · 113

부드러움이 단단함을 이깁니다 · 118

말은 마음을 담는 그릇입니다 · 124

*Manner Tips*_ 대화의 주제, 이것만은 피하세요 · 128

낮고 부드럽게 말해요 · 130

3

관계의 매너
좋은 사람으로 오래 기억됩니다

가족의 재발견 · 136

시어머니를 기억하고 추억하며 · 142

*Manner Tips_* 고부 갈등 없는 관계의 매너 · 148

우리는 모두가 엄마의 딸이니까요 · 150

평화롭게 삽니다 · 154

아이는 부모를 보고 배웁니다 · 160

가까울수록 거리를 두세요 · 165

달콤할수록 조심하세요 · 170

성실함의 미덕 · 175

함께해서 오늘도 즐거웠어요 · 181

*Manner Tips_* 좋은 인간관계를 위한 10가지 원칙 · 186

잊을 수 없는 배려의 순간들 · 188

4

품격의 매너
나를 지키며 우아하게 삽니다

자유로운 인생 · 196
배우고 배워도 자꾸만 배우고 싶은 이유 · 201
다시 뉴욕에서, 매너를 생각합니다 · 207
*Manner Tips*_ 뉴욕의 바디랭귀지 · 212
내가 소중하게 생각하는 가치 · 216
기분 좋은 오지랖 · 220
사람은 태도로 기억됩니다 · 226
술은 즐기되 절제할 것 · 231
내 마음을 지켜내는 방법 · 237
*Manner Tips*_ 나이 들수록 지켜야 할 것들 · 242
나답게 살고자 합니다 · 244
내 삶의 기준은 무엇인가요 · 248

에필로그 · 252

1

일상의 매너

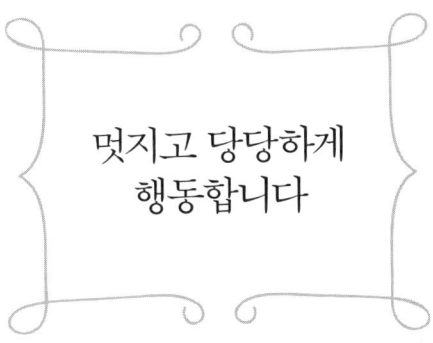

멋지고 당당하게
행동합니다

좋은 인상을 만들어보세요

누군가를 처음 만나는 순간, 우리는 말로 표현하지 않아도 이미 서로에게 깊은 인상을 남기게 됩니다. 대화를 시작하기 전에 먼저 전해지는 몸짓, 눈빛, 태도는 모두 첫인상을 결정하는 조용한 언어들인데요. 서로 달라 보이지만 놀라울 정도로 긴밀하게 얽혀 있어서 상대방 마음의 문을 열기도 하고, 때로는 굳게 닫히게 만들기도 합니다. 처음 눈빛을 교환하고, 인사하고, 앉는 자세, 손짓, 고개를 끄덕이는 방식, 상대의 말에 반응하는 작은 몸짓들이 때로는 말의 내용보다 더 많은 것을 전달합니다.

어느 미팅 자리에 참석한 사람이 스마트폰을 내려다보며 고개만 살짝 끄덕이는 모습을 본 적이 있는데요. 그 자리에서 상대방은 참고 있었겠지만 결코 유쾌하지는 않았을 겁니다. 반면, 또 다른 분은 첫 마디가 시작되기도 전에 의자를 살짝 상대 쪽으로 돌려 앉고 두 손을 무릎 위에 올린 채 눈을 맞추고 고개를 끄덕끄덕하며 이야기를 들었습니다. 대화가 시작되자마자 이미 마음이 열린 듯한 느낌이 들었지요.

저는 다양한 사람을 만나는 일을 오래 해왔습니다. 자연스럽게 사람을 대하는 방식에도 나만의 태도가 생겼지요. 처음 만나는 사람이 누구든 늘 눈을 맞추고 반가운 마음을 담아 밝게 인사하려 합니다. 크게 인사하는 습관 때문인지 주변에서는 "인사가 참 따뜻하다"는 말을 종종 해줍니다. 그저 예의로 시작한 인사가 누군가에게는 편안함이 되고, 또 다른 누군가에게는 신뢰로 이어지기도 하는 게 아닐까 생각합니다.

좋은 첫인상은 단지 말투나 표정에서 오는 것이 아닙니다. 단정한 복장, 깔끔한 손끝, 흐트러지지 않은 자세, 말보다 먼저 도착하는 은은한 향기까지 그 사람의 '신경 쓴 단정함'이 존재감을 만듭니다.

오래전, 말수가 적고 조용한 후배를 데리고 중요한 자리에 나간 적이 있습니다. 그 후배는 원래 그런 성격인데, 그날도 특별히 다르지 않게 조용히 앉아 있었어요. 상대방이 "저 친구는 이 자리가 불편한가 봐요"라며 오해를 하더군요. 생각해보니 이 친구, 말수가 적은 것뿐만 아니라 무표정으로 있었던 겁니다. 사실 그녀는 배려 깊고 따뜻한 친구였지만 첫인상에서 생긴 오해는 꽤 오래 갔습니다. 그 경험은 저에게 첫 순간의 태도가 얼마나 큰 영향을 줄 수 있는지를 다시금 깨닫게 했습니다.

처음 만나 깊은 대화를 나누지도 않고 길게 이야기를 주고받은 것도 아닌데 좋은 기억으로 남는 사람들이 있어요. 제 말을 듣는 짧은 순간 조용히 눈을 맞추며 천천히 고개를 끄덕여주는 것만으로도 존중받는 느낌을 받게 됩니다.

제인 오스틴의 소설을 드라마로 만든 〈오만과 편견〉에 등장하는 미스터 다아시(매튜 맥퍼딘 분)는 처음에는 경직되고 오만한 인물로 보이는데, 그 이유 중 하나가 그의 시선이 늘 멀리 있고 상대를 똑바로 바라보지 않아서입니다. 반면, 영화 〈로맨틱 홀리데이〉의 아만다(카메론 디아즈 분)는 처음 만난 사람의 눈을 오래 바라보며 웃는데, 그 미소는 대화에 앞서 긴장을 풀어주는 역할을 합니다.

말로 친절을 이야기할 수 있지만, 시선이 진심을 증명하지 않으면 그 말은 쉽게 스쳐 지나가기 마련입니다. "그분 성함이 어떻게 되시더라?"라는 말은 무심코 던질 수 있지만, 사실은 관심이 없었다는 표현일 수 있습니다.

이름을 기억한다는 것은 곧 '당신은 저에게 인상적인 사람이었고, 나는 당신을 기억합니다'라는 무언의 존중을 뜻합니다. 혹시 기억이 나지 않을 땐 그 사람이 눈치채지 않도록 조심스럽게 기억을 되살리곤 합니다.

젊은 시절엔 예쁘고 눈에 띄는 사람이 부러울 때도 있었어요. 하지만 나이가 들수록 상대를 편안하게 해주는 사람, 자연스럽게 다시 떠오르는 사람, 그런 사람이 더 아름답게 느껴집니다.

첫인상이란 말이 아닌 태도, 보이는 것이 아닌 마음이 만든다고 믿습니다. 좋은 인상이란 결국 그 순간의 나를 기분 좋게 해주는 사람의 태도에서 비롯됩니다. 처음 본 그 사람이 특별하게 느껴졌던 이유는 사실은 그 사람이 나를 특별하게 대해줬기 때문이었을 거예요.

자신을 설명하지 않아도 조용히 설득되는 사람이 있습

니다. 그런 사람 옆에서는 저도 조용히, 더 좋은 사람이 되고 싶어집니다.

만나면 기분 좋아지는 사람

저는 솔직히 똑똑한 사람보다 유머러스한 사람이 더 부럽습니다. 배우려 해도 배울 수 없는 게 유머와 위트인 것 같아요.

사람들과의 관계에서 분위기는 생각보다 많은 걸 좌우합니다. 같은 공간에서 비슷한 대화를 나누더라도 누구와 함께하느냐에 따라 다르게 기억될 수 있습니다. 그리고 그런 자리를 기분 좋게 만드는 데에는 꼭 필요한 사람이 있습니다. 만나면 저절로 미소 짓게 되는 사람, 유머를 무기 삼아 모두를 편하게 만드는 사람, 우리는 그런 사람을 '분위기 메이커'라고 부릅니다.

영화 〈노팅 힐〉의 한 장면이 떠오릅니다. 주인공 안나(줄리아 로버츠 분)가 윌리엄(휴 그랜트 분)에게 사랑을 고백하고 거절당하기 직전 전화가 걸려오죠. 전화를 받고 돌아와 기다리게 해서 미안하다고 말하는 그에게 안나는 "괜찮아요. 배심원들이 평결 내리기 전에 항상 잠깐 멈추잖아요"라고 말합니다. 가슴 떨리고 긴장되는 순간에 유머러스한 말 한마디로 긴장을 푸는 그녀, 제가 정말 배우고 싶은 태도입니다.

윌리엄은 어쩐지 늘 허둥대고 서툴지만, 그 속에서 묻어나는 어설픈 유머가 우리를 웃음 짓게 하죠. 특히 안나를 그리워하던 그가 안나를 찾아가 대화하는 장면이 인상적이었습니다. 룸메이트가 안나에게서 전화가 왔다는 이야기를 전하지 않은 거예요. "연락이 늦어 미안해요. 이름 두 개 외우는 건 뇌 크기가 콩알만 한 그 친구한텐 무리거든요." "보안상 어쩔 수 없었어요. 전 늘 만화 주인공 이름을 쓰죠. 지난밤엔 밤비였어요." 안나는 호텔 체크인할 때 자신의 이름을 '밤비'라고 썼다는 농담을 합니다. 세계적인 할리우드 스타와 지극히 평범한 작은 서점 주인의 러브 스토리에 더해진 인간적이고 잔잔한 유머는 제가 이 영화를 사랑하는 이유입니다.

저에게도 유머러스한 두 명의 친구가 있습니다. 한 명은 저보다 나이가 적은 남자 동생입니다. 그는 만나기만 하면 저를 웃게 만듭니다. 늘 유쾌하고 긍정적이어서 나도 모르게 기분이 좋아지죠. 특히 그는 우리들의 모임에서 마이크가 있으나 없으나 "제가 노래 하나 하겠습니다"라며 엉뚱한 댄스와 함께 열창을 합니다. 그러고는 노래를 들어준 보답으로 밥과 술을 대접하곤 합니다.

그로 인해 분위기는 한결 좋아지고, 다들 한껏 웃게 되고, 훌륭한 식사를 대접받는 기쁨까지 얻게 됩니다. 그는 경제적으로도 여유가 있지만, 자신의 사치보다는 남들을 즐겁게 하고 베푸는 데 기쁨을 느끼는 사람입니다. 조용히 밥을 사주고, 선뜻 챙겨주고, 웃음을 줍니다. 그런 사람이 흔하지 않다는 걸 저는 압니다.

또 한 명은 절친한 여자 동생입니다. 외모는 얌전하고 깔끔해서 처음엔 정숙한 분위기의 사람이겠거니 했는데, 가끔 완전히 다른 모습을 보여주는 경우가 있어요. 그녀는 코믹함을 타고난 사람 같아요. 생각지도 않은 상황에서 유머러스한 말로 분위기를 반전시키거나, 일상의 평범한 실수들을 개그처럼 풀어냅니다. 스스로도 개그 본능이 있다고 고백하곤 합니다.

저는 이 두 친구를 통해 유머가 얼마나 분위기를 살리고 자리를 따뜻하게 만드는지 체감할 수 있어요. 그들의 유머는 누굴 깎아 내리지 않고, 본인을 내세우지도 않습니다. 그냥 함께 웃자고 내미는 작은 손짓 같은 것입니다.

반면, 어떤 사람들은 가벼운 이야기에도 늘 진지함을 한가득 담아 좋았던 분위기를 가라앉혀요. 모두가 웃고 있는 자리에서 굳이 "그게 사실은 말이지…" 하며 분위기를 무겁게 만드는 사람들. 간단한 설명으로 충분한데 깊이 파고들며 주제를 심각하게 만드는 사람들. 때론 그런 진지함이 꼭 필요한 순간도 있겠죠. 하지만 언제나 심각한 표정으로 인생을 해석할 필요는 없지 않을까요? 가벼운 웃음이 사람 사이의 벽을 허물고 진심이 오갈 수 있는 통로가 되어주기도 하니까요.

사실 저는 그다지 유머가 있는 사람은 아닙니다. 재미있는 말을 잘하는 것도 아니고 재치 있는 농담으로 사람을 웃기는 타입은 더더욱 아니에요. 하지만 유머가 조금 어색해도 분위기를 따뜻하게 만들 수 있어요.

진지한 성격이라 유머가 어렵다고 느끼는 분들도 많을 거예요. 그런 분들에게 꼭 말해주고 싶은 게 있어요. 우리도 전할 수 있는 유쾌함은 분명히 있다는 것! 유머 대신 따뜻한 미소를 자주 짓는 거예요. 상대의 이야기를 듣고 "맞아요, 그 말 정말 재밌네요" 하고 웃으며 반응해요. 그것만으로도 분위기는 한결 부드러워지고 대화는 따뜻해집니다.

유쾌한 사람 옆에 함께할 줄 아는 것도 유쾌함의 일부예요. 나만의 방식으로 분위기를 감싸주는 사람, 그런 사람이 곁에 있을 때도 모두가 편안해지니까요.

유머는 흔히 '센스'나 '말솜씨'로 여겨지지만 저는 그것을 하나의 '매너'라고 생각합니다. 상대를 편하게 바라보는 시선, 실수를 감싸주는 여유, 어색한 공기를 살짝 흔들어주는 다정한 감각. 그것이 바로 유쾌한 사람을 만나면 기분 좋아지는 이유가 아닐까요?

모두가 편안한 자리는 유쾌한 사람들 덕분에 만들어집니다. 대화를 시작하기 전 먼저 건네는 미소, 적절한 유머 한마디, 그리고 누군가를 위해 웃음을 준비해온 마음, 그런 사람들과 함께할 때 우리의 하루는 조금 더 부드러워지고 인생은 조금 더 가벼워집니다.

바른 자세를 잃지 말아요

"몸의 자세는 마음의 자세를 말해줍니다. 등을 곧게 세우는 사람은 삶 앞에서도 쉽게 주저앉지 않습니다." 어느 발레리노의 말입니다.

바른 자세에 대해 처음 배운 건 매너 스쿨에서였습니다. 허리를 곧게 펴고 어깨를 쫙 펴서 당당하게 서 있는 것만으로도 좋은 인상을 준다는 이야기였죠. 그때 강사님께서 "배에 힘을 주세요"라고 말씀하셨는데, 그렇게 배에 힘을 주고 자세를 바르게 하니 거울 속 제 모습이 달라 보이더라고요.

'어? 이거, 날씬해 보이네?'

그날 이후였던 것 같아요. 바른 자세가 단순히 예의 있는 태도를 넘어, 몸매 보정 효과까지 있다는 걸 깨달으면서

의식적으로 자세를 바로 하려고 노력하게 된 계기였답니다.

    운동은 꾸준히 해왔기에 바른 자세를 유지하는 건 어렵지 않았어요. 그리고 발레를 통해 '바른 자세'라는 것에 대해 다시금 깊이 생각하게 되었습니다. 발레와 처음 인연을 맺은 건 사십 대 초반이었어요. 우아한 동작과 단정한 태도, 그리고 순간순간 정성스럽게 자신의 몸을 다듬는 발레의 세계는 제게 참 깊은 인상을 남겼죠. 하지만 그때는 아이를 키우고 회사를 다니느라 발레를 계속 이어갈 수 없었어요. 마음 한편에 늘 발레에 대한 그리움이 남아 있었습니다

    뉴욕에서의 일 년 살기를 계기로 다시 발레를 시작할 수 있었습니다. 그때는 링컨센터 가까운 곳에 살면서 뉴욕시티발레 공연을 연간 티켓으로 자주 보러 다녔고, 뉴욕스포츠클럽에서 일주일에 한 번 발레 수업도 들었어요. 발레는 저에게 단순한 운동이나 취미 그 이상이었습니다. 몸을 곧게 세우는 그 한 동작 안에 집중력과 인내 그리고 자신을 존중하는 마음까지 담겨 있었거든요.

    발레가 특별하게 느껴졌던 이유는 단지 움직임 때문만은 아니었어요. 보디라인이 그대로 드러나는 레오타드, 우아함이 느껴지는 드레스, 조명 아래 반짝이는 레이스와 비즈

장식들, 그리고 토슈즈가 만들어내는 고유의 긴장감까지. 무대 위 발레리나는 그 자체로 하나의 예술작품 같았고, 오랜 시간 반복된 훈련 속에서 생겨난 그들의 우아함은 단순한 태도를 넘어서 삶의 결이었습니다.

"힘이 들어야 근육이 생겨요."
발레 선생님이 종종 하셨던 이 말이 유난히 마음에 남습니다. 알고 보면 발레는 굉장히 고강도의 근육 운동이에요. 중심을 잡고 부드러운 동작을 이어가기 위해선 단단한 힘이 있어야 하거든요. 겉으로 드러나지 않는 단련된 힘에서 뿜어지는 단호함이, 부드러운 태도에서 우러나는 친절함이 참 인상 깊었습니다.

발레 스튜디오에 들어서는 순간 저도 모르게 자세가 바로 잡히고 마음이 정돈돼요. 저만의 느낌일 수도 있지만 함께 발레를 배우는 분들도 대부분 조심스럽고 섬세한 분들이었어요. 좁은 공간을 가로지를 때도 그냥 지나치는 법이 없고 늘 눈빛으로 양해를 구하거나 조용히 사인을 주고받으며 배려를 나누죠. 연습복도 깔끔하게 잘 챙겨 입고 오시고요. 아마도 발레라는 취향을 공유하는, 비슷한 결을 지닌 사람들이 그 자리에 자연스럽게 모인 게 아닐까 싶었습니다.

　바른 자세는 단순히 몸을 곧게 세우는 걸 넘어서 태도와 말투, 그리고 자신을 대하는 마음까지 정돈하게 해주는 힘이 있는 것 같아요. 그래서 지금도 저는 일주일에 한 번, 꾸준히 발레를 배우러 갑니다.

"자세가 참 좋으세요."
"어쩜 그 나이에 배가 없어요?"
"스타일이 남다르세요."
　이러한 칭찬은 자세 덕분이라고 생각합니다. 몸이라는 본 바탕에 바른 자세라는 매너가 더해지면 사람은 더 단정하고 당당해 보이거든요.

　바른 자세 하나로 인생이 바뀐다고 말하면 과장처럼 들릴 수도 있겠지만, 저는 정말 그렇게 느낍니다. 자세를 고친 덕분에 건강도 좋아지고, 외모도 달라 보이고, 무엇보다 스스로를 대하는 태도가 달라졌으니까요.

　어느 시인도 이렇게 말했다고 하네요. 몸이 곧게 펴지면 마음도 따라 펴진다고요. 자세는 단지 몸의 형태가 아니라 자신을 대하는 방식입니다.

Manner tips

바른 자세, 이렇게 하세요

서 있을 때
정면을 향해 자연스럽게 서되,
무게중심은 양발에 고르게 둡니다.
허리는 곧게, 턱은 살짝 당긴 자세가
인상 전체를 정돈해줍니다.
손은 팔짱을 피하고
몸 앞이나 옆에 흐르듯 두세요.
힐을 신었을 땐 무릎을 붙이고
발 뒤끝을 살짝 안으로 모으면
'하트 라인'이 생깁니다.

◆ 작지만 우아한 인상을 주는 디테일입니다.

앉아 있을 때

의자 끝이 아닌 깊숙이 앉아야
허리 라인이 곧게 살아납니다.
무릎을 모으고 발은 가지런히 두는 것이 기본.
치마를 입었다면 발목을 살짝 기울여보세요.
더 정돈되어 보입니다.
손은 무릎 위나 테이블 위에 단정히 두고,
손짓이 필요할 땐 작고 부드럽게 움직입니다.

◆ 말보다 먼저 전달되는 단정한 태도가 만들어집니다.

걸을 때

발뒤꿈치부터 바닥에 닿는 부드러운 보행이
기본입니다. 팔은 자연스럽게 앞뒤로 움직입니다.
이때, 어깨를 들썩이지 않도록 합니다.
고개는 들지도 숙이지도 말고,
3~5미터 앞을 바라보며 걷습니다.

◆ 걷는 자세 하나로도 여유와 자신감이 전해집니다.

다리를 꼬고 앉아도 될까요?

다리를 꼬는 자세가
무조건 매너 위반은 아닙니다.
하지만 '언제, 어떻게' 꼬느냐에 따라
인상은 크게 달라집니다.

괜찮은 경우
격식이 덜한 비즈니스 캐주얼 자리
지인과의 사적인 만남
소파나 암체어에 자연스럽게 앉을 때

◆ 단, 동작은 조용히,
  발끝은 바닥에 닿게 유지해야 안정감 있게 보입니다.

피해야 할 경우
면접이나 포멀한 자리
오찬, 시상식 등 격식이 필요한 자리
연장자와 함께하는 전통적인 모임

◆ 이럴 땐 다리를 가지런히 모으는 것이 존중의 표현입니다.

우아하게 다리를 꼬고 앉는 법
무릎 위에 무릎을 살짝 겹치듯 천천히 포개세요.
발끝은 아래를 향하게 합니다.
상체는 흐트러지지 않도록 중심을 유지하세요.
무릎 위만 겹치는 정도로, 드레스를 입었을 때
옷 매무새를 망치지 않게 유지합니다.

기억하세요
자세는 단순한 동작이 아닙니다.
자신을 자연스럽게 드러내는
말 없는 태도입니다.
바르게 서고, 바르게 앉고,
바르게 걷는 것.
그 안에 우리가 살아온 시간과
품격이 담겨 있습니다.

잠시 기다려주세요

영화에서나 보던 장면이 제게도 현실이 된 순간이 있었습니다. 낯선 도시의 빌딩 앞, 문이 곧 닫히려는 찰나 앞서 가던 한 남성이 뒤를 돌아보더니 문을 살짝 잡아주었습니다. 당황한 저는 얼떨결에 고개를 숙여 인사하며 지나갔고, 그 남성은 웃으며 고개를 끄덕였지요.

작은 행동이었지만 제게는 오래도록 기억에 남는 장면이 되었어요. 제가 이십 대 중반이었을 때, '배려'라는 단어가 이렇게 감동적일 수 있다는 것을 처음으로 느낀 순간이었지요.

그 경험은 뉴욕에서 일 년 살기를 하며 저에게 일상적으로 다가왔습니다. 그곳에서 만난 한 노신사는 저보다 훨씬 연세가 많은 분이었지만 부드럽고 자연스럽게 매너가 몸에 배어 있는 분이셨어요.

어디를 가든 여성인 우리가 먼저 들어갈 수 있도록 문을 열어주었고, 택시를 탈 때면 우리가 편히 타고 내릴 수 있도록 기다려주시곤 했습니다. 식당에서는 의자를 조용히 빼주시고, 우리가 차례로 다 앉기 전까진 절대 자리에 앉지 않으셨어요. 그 모든 행동이 어색하거나 과장되지 않고, 한 편의 영화 속 장면처럼 아름답게 느껴졌지요.

그분과 함께했던 어느 비 오는 날의 기억은 지금도 잊히지 않습니다. 우산을 쓰고 택시를 잡고 있었어요. 마침 택시 한 대가 반대편 도로에 서 있었는데 우리는 습관처럼 먼저 뛰어가려고 했습니다. 그런데 그분은 우리를 막으며 택시를 향해 조용히 손짓을 하셨어요. '숙녀가 비를 맞으며 도로를 건널 필요는 없지요'라는 무언의 태도였습니다

택시가 유턴해 우리 앞까지 왔고, 마침 저녁 식사 자리라서 드레시한 옷을 입은 우리는 편하게 택시에 오를 수 있었습니다. 사실 전 택시가 돌아오는 게 번거로울까 봐 조금 미안한 마음이 들기도 했지만, 그순간 느껴진 그분의 깊은 배려는 미안함을 잊게 만들 만큼 따뜻했습니다. 그건 형식적인 예의가 아니라, 누군가를 존중하는 마음 그 자체였습니다.

그렇게 일 년 동안 배려가 일상이 되는 삶을 살다 보니, 저도 어느새 달라지기 시작했어요. 문을 열고 뒤를 살펴보게 되었고 엘리베이터 앞에서는 본능처럼 뒤를 돌아보곤 했지요. 그런 저의 변화는 한국에 돌아온 후에 낯선 충격이 되어 다가왔습니다. 모임 자리에서 남성 선배들이 무심코 먼저 자리에 앉거나 엘리베이터 문이 제 앞에서 '툭' 하고 닫히는 순간마다 저도 모르게 멈칫하고 마음이 조금 허전해졌어요.

예전엔 아무렇지 않던 일들이 이젠 왜 이렇게 불편하게 느껴질까? 그렇게 제 안에 자리 잡은 배려의 감각은 한국의 일상과 부딪히며 한동안 저를 혼란스럽게 만들었고, 결국 저는 다시 한국의 정서에 익숙해져야만 했습니다. 하지만 그때의 낯설었던 그 감정이 아직도 제 마음 어딘가에 남아 있어요.

저는 자주 버스를 타고, 걷고, 사람들과 부대끼며 생활해요. 시간에 쫓기지 않는 여유 덕분에 사람들 사이의 거리, 눈빛, 그리고 배려의 모습들을 더 자주 마주하게 됩니다. 하지만 여전히 부족한 점도 많습니다. 아이가 있는 엄마가 짐을 들고 허둥대고 있는데도 모른 척하는 사람들, 에스컬레이터에서 너무 가까이 붙어 서 있는 사람들, 공연장에서 무심히 뒷모습으로 자리를 휙 지나가는 사람들. 이 모든 행동들이 우리의 일상에서 매너가 얼마나 중요한지를 말해줍니다.

잠시 기다려주세요. 여성이나 노인, 어린이가 아니더라도 내 뒤를 따라오고 있는 누군가를 위해 출입문이나 엘리베이터의 문을 잠깐만 잡아주세요. 문을 여닫을 때, 들어오거나 나가려는 사람이 있는지 살펴보는 아주 잠깐의 배려는 결코 힘든 일이 아닙니다. 나보다 조금 느리게 걷는 어르신을 위해 한걸음 속도를 늦추고, 아이를 안고 있는 사람에게 문을 먼저 열어주는 행동은 나의 교양과 여유를 말없이 전해주는 매너입니다.

이제는 우리 자신도 누군가의 배려가 필요한 존재가 되어가고 있음을 잊지 마세요. 진짜 매너는 나보다 약한 사람을 향한 조용한 배려에서 시작됩니다.

뉴욕이 내게 가르쳐준 것들

오랜 직장생활을 마친 뒤, 저는 뉴욕에서 한 해를 살아보기로 결심했어요. 그 무렵 남편은 지방 발령을 받아 내려가 있었고 아들은 LA에서 유학 중이었죠. 돌아보면 그 해는 우리 가족이 각자의 자리에서 긴 시간을 흩어져 지냈던, 조금은 낯설고도 특별한 시절이었습니다.

출장으로 몇 번 다녀온 적은 있었지만, 뉴욕은 늘 '한 번쯤 살아보고 싶은 도시'였기에 그 선택은 제게 설레는 도전이었어요. 퇴사를 결심하고 떠난다고 했을 때, 남편은 활짝 웃으며 말했죠.

"열심히 일한 당신, 떠나라!"

그 한마디가 얼마나 고맙고 따뜻하게 느껴졌는지 몰라요.

뉴욕에서의 일 년은 제 인생에 있어 정말 선물 같은 시간이었어요. 마침 출간을 준비 중이었던 인테리어 책의 인터뷰를 위해 찾았던 작은 이탈리안 레스토랑에 제가 잘하는 꽃 장식과 크리스마스 데커레이션을 선물했는데, 그 보답으로 머무는 동안 음식과 와인을 대접받으며 뜻밖의 인연이 이어졌죠. 자연스럽게 서로를 도우며 그들의 삶과 문화를 조금씩 배워갈 수 있었어요.

뉴욕대학교의 인테리어 데커레이션 전문 과정에서는 이론과 실습, 현장 학습이 어우러진 수업을 들으며 다양한 문화를 경험했고, 영어 공부를 위해 다녔던 인터내셔널 스쿨에서는 전 세계에서 온 이들과 함께 어울릴 수 있었어요. 그렇게 저는 뉴욕이라는 화려한 도시의 겉모습만이 아니라 그 안에서 바삐 살아가는 사람들의 라이프 스타일을 가까이에서 보고 느낄 수 있게 되었지요.

그중에서도 지금까지 제 삶에 고스란히 남아 있는 건, 그곳에서 배운 작고 소박한 생활 속 매너들이에요. 격식을 차리기보다는 타인을 먼저 배려하는 마음, 말없이 드러내는 행동에서 품위가 느껴졌지요. 그리고 또 하나 참 인상 깊었던 건 사람들의 움직임이 유난히 조용하고 조심스러웠다는 점이에요.

우리나라에서는 보통 안쪽 자리에 들어가야 할 때, 빠르게 옆걸음으로 지나가곤 하잖아요. 그런 사소한 면조차 조금 달랐어요. 자리에 앉기 전 잠시 멈춰 주변을 살핀 후 이미 앉아 있는 사람에게 방해가 되지 않도록 조심스럽게 움직이는 모습이 자주 보였어요. 꼭 정해진 규칙은 아니더라도 공간을 함께 쓰는 사람에 대한 배려가 몸에 배어 있다는 것이 느껴졌습니다.

지금도 저는 그때의 마음을 기억하며 살아가요. 지하철 안에서 가방을 조심스레 들고, 문이 열릴 때 뒷사람을 한번 돌아보고, 누군가 먼저 그림을 감상하고 있을 땐 조용히 숨을 고르며 기다리는 것. 누구에게 보여주기 위한 행동은 아니지만, 그런 사소한 몸짓들이 제 삶을 더 단정하게 만들어준다고 느껴요.

무심코 지나쳤던 작은 동작 하나, 시선 하나가 누군가를 위한 예의가 될 수 있다는 사실. 뉴욕은 그걸 아주 조용하게 제게 가르쳐주었어요.

매너는 보이지 않는 친절이며 조용한 존중이라는 말이

있습니다. 진짜 교양은 타인이 불편함을 느끼기 전에 내가 먼저 조심할 줄 아는 태도이고요. 지금 우리의 일상 속에서도, 그런 배려는 여전히 유효하지 않을까요? 이제 우리가 실천할 차례입니다.

뉴욕의 매너

엘리베이터에서
먼저 탄 사람이 버튼을 누르고
기다려주는 건 기본.
안에서 전화나 큰 대화는 삼갑니다.
나갈 땐 가까운 사람부터 내리도록
한발 물러나는 제스처를 취해요.
문이 열리기 직전,
시선으로 '먼저 나가세요'를 전합니다.

문 여닫을 때
문 여닫는 동작에서도
배려를 느낄 수 있습니다.
문을 열고 들어갈 때,
뒷사람을 위해 잠시 손을 얹어줍니다.
"먼저 가세요" 말 대신 눈빛과 동작으로
전하는 배려예요. 특히 뉴욕에서는
자동문이나 회전문에서도
상대의 동선을 배려하는 태도가 익숙했어요.

좁은 공간에서
뉴욕의 거리, 상점, 레스토랑 등
어디든 좁은 공간에서 자연스럽게
비켜서는 동작이 '생활 매너'로 자리잡았죠.
지나가며 "Excuse me"라고 말하기보다
눈짓과 짧은 미소,
가볍게 몸을 돌리는 행동이 우아함의 핵심.
특히 힐을 신은 여성이라도, 흐트러짐 없이
부드럽게 몸을 돌려 길을 내주는 모습은
뉴욕에서 자주 마주한 장면입니다.
말 한마디 없이, 몸짓 하나로 전해지는
'괜찮아요, 먼저 지나가세요'라는 마음.
그렇게 그녀들은 좁은 공간 속에서도
우아함을 잃지 않았습니다.

공공 장소에서
뉴욕에선 자기 자리를
정리하고 떠나는 게 당연한 예의예요.
카페나 라운지 등에서 냅킨이나
컵 하나라도 가지런히 모아둡니다.
자리를 오래 차지했다면 눈빛으로라도
'고맙다'는 인사를 스태프에게 건네요.
매너 있는 사람은 공간을 빌린 사람처럼
행동한다는 문화가 있습니다.

목례와 시선
뉴욕의 여성 엘리트들을 마주칠 때
공통적인 제스처가 있었어요.
짧은 아이컨택과 함께 고개를 살짝 끄덕입니다.
무표정보다 훨씬 품격 있고 말을 건네지 않아도
'당신을 인지하고 존중한다'는 의미가 담겨 있죠.

덧붙이는 표현
뉴욕에서는
"Thank you" 하나로 끝내지 않고
간단한 표현을 덧붙여요.
"Thank you, I appreciate it."
"Thanks so much for holding the door."
이런 표현들은 예의 이상으로
'인간적인 존중'을 표현합니다.

식사와 함께하는 비즈니스 미팅

낯선 이들과 함께하는 식사는 아무리 맛있는 메뉴가 나와도 편하게 즐기기 어렵지요. 분위기를 부드럽게 풀어줄 만한 음악이나 영화, 여행과 같은 공통의 화제들이 많아졌다고는 하지만, 비즈니스 식사는 여전히 긴장이 되는 시간입니다.

저 역시 그랬습니다. 대학교를 졸업하고 대기업에 입사한 사회 초년생 시절, 야근도 많고 회식도 잦았던 그 시절의 강남은 뜨겁게 일하던 사람들의 거리였습니다. 토요일 오후까지 근무하고 일요일 하루 쉬면 다시 출근. 매일 반복되는 그 일상 속에서 사람들과의 식사는 곧 일의 한 부분이자 관계의 연장이었습니다. 오히려 그 속에서 더 많은 인간적인 소통이 있었던 것 같기도 해요.

지금의 MZ세대는 점심 회식이나 문화 공연을 곁들인

송년회를 선호하고, 업무 외 시간에까지 회사 사람들과 식사하는 문화는 되도록 만들지 않으려 하지요. 제 아들도 광고회사에 다니는데, 팀 회식은 대부분 점심시간에 끝내더군요.

하지만 제 일상에는 지금도 일로 이어진 식사 자리가 끊이지 않습니다. 사교적인 성격이라 금세 가까워지는 편이지만, 저 역시 일과 식사가 함께하는 자리는 언제나 긴장됩니다. 특히 처음 만나는 사람과의 저녁 미팅이라면요.

예전엔 여성이 비즈니스 미팅에 참석하면 분위기를 부드럽게 만드는 역할을 기대하는 경우도 많았습니다. 하지만 이제는 누구나 같은 기준에서 전문성과 태도로 평가받는 시대가 되었지요. 식사를 함께한다고 해서 누군가가 부드러움을 책임져야 할 이유는 없습니다. 상대에 대한 존중과 일에 대한 준비, 그 두 가지면 충분합니다.

비즈니스 식사에서 가장 중요한 건 지나치지 않은 태도입니다. 상대보다 먼저 도착했다면 출입문이 보이는 자리에 앉아 밝은 표정으로 맞이할 준비를 하는 것도 인상적인 시작이 될 수 있습니다.

대화를 시작할 때는 업무 이야기를 서두르기보다, 요즘

이슈가 되는 가벼운 주제나 여행 이야기 등을 꺼내보는 것이 좋습니다. 화제가 된 전시나 드라마, 레스토랑 트렌드 같은 이야기는 대부분 부담 없이 공감할 수 있는 소재지요. 식사에 곁들이는 와인에 대한 간단한 지식이나 식당의 추천 메뉴를 미리 알아두는 것도 분위기를 부드럽게 이끄는 데 도움이 됩니다.

음식이 나왔다고 사진부터 찍는 행동은 친근한 자리에서는 괜찮을 수 있지요. 하지만 비즈니스 식사 자리에서는 자칫 경솔하고 가벼운 인상을 줄 수 있습니다. 휴대폰은 잠시 무음으로 전환해 가방 안에 넣어두세요. 그것만으로 이 자리에 집중하고 있다는 사인을 줄 수 있어요.

음식이 나왔을 때는 너무 빠르거나 느린 혼자만의 식사 속도보다는 상대방과 페이스를 맞추어야 합니다. 같이 먹는 시간이라는 점을 기억하세요. 대화보다 식사에만 집중하는 행동도 피해야겠죠. 과한 음주나 음주를 강권하는 행위는 삼가세요. 식사 자리에 술을 곁들일 수는 있지만 지나치게 과음하거나 상대에게 반복해서 권하는 건 실례입니다. 분위기를 해치지 않는 선에서 상대의 템포를 존중해주세요.

그리고 마지막까지 놓쳐서는 안 되는 것이 바로 식사 후의 매너입니다. 식사가 끝날 즈음에는 간단한 감사 인사를 잊지 말고, 가능하다면 다음 날 이메일이나 문자 메시지로 다시 한 번 정중한 인사를 전하면 좋습니다. 그 짧은 한마디가 관계에 깊이를 더해주는 순간이 되기도 하니까요.

비즈니스 식사는 일과 업무를 넘어 사람됨까지 함께 보여주는 자리입니다. 말보다 먼저 전해지는 건 늘 태도라는 걸 잊지 마세요.

Manner tips

반드시 지켜야 할 식사 매너

미팅 전
복장은 첫인상에 큰 영향을 주죠.
상황에 맞는 깔끔하고 단정한 복장을 입으세요.

시간 약속은 기본 중 기본입니다.
정해진 시간보다 5~10분 먼저 도착하는 여유는
당신의 신뢰를 높여줍니다.

자리 선택도 배려의 한 부분일 수 있어요.
먼저 도착했다면 출입문이 보이는 쪽에 앉아
상대방이 도착할 때 반갑게 맞이하세요.

미팅/식사 중
첫 인사는 정중하게 건넵니다.
미소와 함께 "반갑습니다" 또는
"안녕하세요"라고 인사하며
눈을 맞추는 것도 잊지 마세요.

명함을 줄 때는 두 손으로 건네고,
받았을 때는 바로 살펴보며
감사 인사를 전합니다.
명함은 바로 집어넣지 않고
테이블 위에 올려둡니다.

경청하고 관심을 표현하세요.
상대방의 말을 잘 듣고,
적절한 고개 끄덕임이나 미소로
관심을 보여주세요.

자신의 의견이나
아이디어를 전달할 때는
명확하고 간단하게
말하는 것이 효과적입니다.

메뉴는 상대보다 먼저 정하지 않습니다.
같이 메뉴를 보고 "추천받아볼까요?" 하고
제안하는 것도 좋은 매너입니다.

     식사 자리는 대화의 시간입니다.
     음식이 나오기 전 휴대폰은
     무음 모드로 전환하거나
     눈에 보이지 않도록 해요.

술은 필요하면 기분 좋게 마십니다.
상대의 속도에 맞춰
적당한 속도로 조절하며 마십니다.

     골고루 맛보며 예의를 갖추어요.
     식사에만 몰두하지 않고
     상대방과 속도를 맞추어 먹으며
     대화의 자리임을 잊지 마세요.

미팅 후

감사 인사를 잊지 않아요.
모든 만남이나 도움에 대해
감사 인사를 전하는 습관을 가지세요.

이후 연락은 빠르게 합니다.
이때 미팅 때 나눈 내용이나 일정을
간단히 정리해 공유하는 것도 좋습니다.

전화와 메일

업무 시간 중에 연락합니다.
너무 이르거나 늦은 시간은 피하세요.
먼저 인사하고 자신을 명확하게 소개한 후에
목적을 간결하게 정리해 전달합니다.

메일의 경우 필요한 내용을
따로 정리해 파일로 첨부합니다.
예의 바르고 적절한 인사로 마무리합니다.
이메일은 뒤에 이름과 연락처를 명시하세요.

와인을 즐겨요

한때는 와인이 참 어려운 술이라고 생각했습니다. 품종, 빈티지, 테루아, 마리아주⋯ 익숙하지 않은 단어들이 장벽처럼 느껴졌지요. 괜히 비싸 보이기도 했고요. 소주처럼 털어 넣을 수도 없고, 맥주처럼 시원하게 들이켤 수도 없고. 그저 '기분 좋게' 마시는 술은 아니라는 인식이 강했습니다.

하지만 어느 순간부터 와인이 더 이상 어렵게만 느껴지지 않았어요. 청담동에 있는 유명 와인바에 자주 드나들기도 했고, 한때는 재즈와인바를 직접 운영하기도 했습니다. 의외지요? 오래 하진 않았지만 음악을 좋아하는 남편과 함께 지인들이 모여드는 사랑방 같은 공간을 운영했던 시간은 지금도 따뜻한 기억으로 남아 있습니다.

요즘은 훨씬 더 일상적으로 와인을 즐깁니다. 가까운 대형마트에서 여섯 병, 열두 병 박스로 구입해두기도 하고 국민 와인이라 불리는 와인도 부담 없이 잘 마셔요.

젊었을 땐 도마 한 번 꺼내는 게 귀찮았던 제가 지금은 간단하면서 건강한 요리들을 즐겨 만듭니다. 문어수비드, 치킨샐러드, 연어샐러드 같은 것들을 준비하다 보면, 자연스럽게 "오늘은 어떤 와인을 딸까?" 하고 냉장고 문을 열게 되죠.

하루를 마치고 조용히 음악을 틀고 좋아하는 잔에 와인 한잔을 따르는 그 짧은 시간, 그건 제 하루의 마침표 같은 존재가 되어줍니다. 그 작은 여유가 와인을 오랫동안 좋아해 온 이유이기도 해요.

와인을 자주 마신다고 해서 자연스럽게 병을 열 수 있는 건 아니었어요. 코르크 스크류를 잘못 돌려 코르크가 부러지거나 뚜껑이 '퍽' 하고 튀어나가 당황한 적도 있었죠. 그래서 자연스럽게 와인을 따는 법을 익히기도 했습니다.

필요하면 어떤 자리에서나 자연스럽게 병을 열고 잔에 조심스레 따라주는 그 과정 자체를 즐기고 있어요. 소리 없이 부드럽게 오픈되는 병, 병 입구를 가볍게 닦고 따르는 손짓, 그 모든 것이 와인을 대하는 태도이며 함께하는 이들에 대한 예의라고 생각해요. 언제라도 자연스럽게 와인을 오픈할 수 있는 능숙한 손놀림, 그건 단지 기술이 아니라 진정 와인을 즐긴다는 여유로움을 표현합니다.

저는 여전히 프랑스 와인을 좋아합니다. 젊었을 때 프랑스 파리로 박람회 출장을 매년 다녔는데, 일 끝난 저녁에 마시는 브루고뉴 와인 한잔은 그날의 피로를 단숨에 씻어주는 최고의 보상이었어요.

물론 가성비 좋은 칠레 와인도 자주 마셔요. 특별한 와인을 고르기도 하지만 평소에는 1~2만 원대의 와인도 충분히 즐겁답니다. 특히 저희 집은 사람들이 자주 오기 때문에 홈 파티 준비는 늘 되어 있어요. 그래서 가성비 좋은 와인들을 넉넉히 준비해두는 것이 일상의 루틴이 되었어요.

'고기엔 레드, 생선엔 화이트'라는 말도 있지만 저는 대부분의 요리에 레드 와인을 즐겨요. 다만 여름처럼 더운 날에는 화이트 와인이나 스파클링 와인을 차갑게 칠링해서 마시기도 하죠. 어떤 음식을 먹느냐도 중요하지만 어떤 분위기와 함께하느냐도 중요하니까요.

코로나 전, 이탈리아로 한 달 살기를 떠났을 때였습니

다. 그곳에서 와인 소믈리에 대회 심사위원을 만나 작은 와이너리에 초대받은 적이 있어요. 그 친구는 마트에서 단돈 2~3유로짜리 와인도 꽤 괜찮다며 여러 병을 골라 하나씩 마셔보고 "이건 맛있다", "이건 별로다" 하며 입맛에 맞는 걸 고르라고 알려주었어요. 그 경험 덕분에 저는 깨달았어요. 와인은 책으로 외워서 익히는 것이 아니라, 마셔보고 느끼고 즐기면서 나만의 취향을 알아가는 술이라는 걸요.

여러 명이 모이는 날이면 저는 잔을 통일해둡니다. 서로 '짠~' 하는 순간, 그 경쾌한 유리 소리만으로도 분위기가 확 살아나요. 잔 하나가 테이블의 무드를 바꾸고 사람들 사이의 긴장을 부드럽게 풀어주는 걸 느껴보신 적 있으신가요? 그래서 저는 늘 와인잔만큼은 유리잔으로 정성껏 준비합니다.

와인은 공부가 아니라 취향입니다. 좋아하는 음악과 음식, 그리고 좋은 사람과 함께라면 비싼 와인이 아니어도 충분히 좋은 시간이 됩니다. 와인은 어렵지 않아요. 그저 삶을 조금 더 기분 좋게 만들어주는 한잔의 여유일 뿐이죠.

Manner tips

와인을 마실 때 기억하세요

와인은 반드시 와인잔에
종이컵은 금물입니다.
얇은 유리 와인잔만으로도
분위기가 완전히 달라져요.

잔의 3분의 1만 따르기
향까지 즐기는 게 와인의 매력입니다.
너무 많이 따르면 들기도 불편하죠.

와인잔의 '스템(다리)' 부분을 잡기
손의 열기로 와인이 데워지는 걸 막아
와인 맛을 보존해줘요.
또한 단정한 인상을 줍니다.

건배는 살짝, 가볍게
유리잔은 약하니
너무 세게 부딪히지 않아요.
경쾌한 소리로 분위기만 살려주세요.

병은 라벨이 보이게 들기
따를 때 병의 라벨이
상대에게 보이도록 하세요.
자연스럽고 세련돼 보여요.

와인 종류에 따른 와인잔

레드 와인잔
넓고 볼록한 잔이 특징이에요.
와인의 향을 잘 느낄 수 있도록 도와주고,
산소와의 접촉이 많아 풍미가 더 살아나요.
대표적으로 보르도잔과 브루고뉴잔이 있어요.

화이트 와인잔
레드 와인잔보다 크기가 작고
더 좁고 길쭉한 형태예요.
차가운 온도를 유지하면서
신선한 맛과 향을 즐기기에 좋아요.

스파클링 와인잔
가늘고 긴 목이 특징이에요.
기포가 오래 유지되도록 도와주고,
시각적으로도 아름답게 보여줍니다.
샴페인이나 스파클링 와인에 딱이죠!

로제 와인잔
화이트 와인잔과 비슷하지만
약간 더 넓은 형태로, 로제 와인의 풍미를
잘 느낄 수 있도록 만들어졌어요.

가끔은 파인 다이닝

음식 문화가 참 많이 변했습니다. 과거 주방장으로 불리던 이들이 '셰프'라는 호칭으로 불리며 방송으로도 진출하는 세상이 되었습니다. 심지어 그들이 운영하는 식당은 꽤 비싼 가격임에도 불구하고 예약도 힘들다고 하네요. 최근엔 식당에 전화로 예약하기보다는 네이버나 예약 어플을 통해서 예약을 하고, 예약금을 미리 지불하는 경우도 많아졌어요.

가끔 업무상 해외 출장을 가면 꼭 정장 한 벌은 챙겨가곤 했습니다. 처음엔 정장을 입지 않으면 출입 불가라는 레스토랑에 대해 굳이 이렇게까지 해야 하나 싶었지만, 지금은 이것도 중요한 매너라는 생각이 들어요. 세상이 참 많이 변했지요?

팁은 또 어떻고요. 뉴욕에서 일 년 동안 살았을 때도, 어디를 가든 팁을 지불해야 하는 것이 때로는 좀 아깝다는 생각도 들었답니다. '내가 받은 서비스가 이 팁을 낼 만한가?' 하는 생각을 순간순간 하게 되고요. 하지만 이 또한 하나의 문화이니 자연스럽게 생각하게 되었습니다.

질 좋은 음식을 제공하는 고급 식당, 파인 다이닝에 대한 관심도 커지고 있어요. 얼마 전 뉴스에서 한국에서도 미슐랭 스타를 받는 셰프가 탄생해 세계적인 주목을 받는다는 소식도 접했습니다. 주변에 이탈리안 레스토랑을 비롯해 식당을 하는 지인도 있고 셰프들도 알고 있는데, 이들의 일이 만만치가 않더라고요.

주방이라는 폐쇄된 공간에서 불을 다루며 최고의 맛을 추구하는 이들. 자기와의 싸움은 물론이지만 너무나 빠르게 변화하는 세상에서 살아 남기란 정말 쉬운 일이 아니겠어요.

외식이나 고급 식당을 좋아할 것 같은 오해를 받지만, 사실 저는 음식에 호기심이 많진 않아요. 먹는 양이 적기도 하고 나름 소박한 음식도 좋아하거든요. 우리 가족은 생일이면 종로에 있는 낙지집에서 낙지볶음을 사 와서 술과 함께

먹곤 해요. 제가 제일 좋아하는 음식이 바로 낙지볶음이랍니다. 제사상에 이 낙지볶음 올려달라고 아들에게 말하기도 했어요. 진심 어린 농담이죠.

그래도 가끔은 요즘 인기 있다는 식당에 한 번쯤 가보고 싶긴 해요. 얼마나 근사할지 얼마나 맛있을지 상상하면서요. 주변에 그런 곳에 다녀왔다고 자신의 SNS에 올리는 걸 보면서 '나도 꼭 가봐야지' 마음먹곤 합니다. 넷플릭스 인기 프로그램 〈흑백 요리사〉에 나왔던 식당은 방영한 지 꽤 지났음에도 여전히 예약을 기다려야 하나봐요. 저도 한두 군데 골라놓은 곳이 있어 기회가 있다면 가보려고 합니다.

제 후배는 일 년에 외식을 열 손가락 이내로 하는데, 이왕 하는 외식은 파인 다이닝만 고집한다고 하더라고요. 특별한 날을 특별한 식사로 기념하고 기억하는 것도 좋은 선택이라고 생각해요.

식사 모임이 정해지면 일단 검색을 합니다. 할인이나 서비스 등이 있는지도 잘 확인합니다. 다녀온 사람들의 평점이나 리뷰도 꼼꼼하게 살피고요. 집에서 입었던 옷 말고 단정하고 조금 화려한 옷도 준비합니다. 이럴 때 아니면 언제 입어보겠어요?

좋은 곳에서 좋은 사람들과 즐기는 시간도 필요합니다. 적지 않은 돈을 내고 대접받으며 하는 식사. 특히 주부들에게는 선물 같은 시간이 될 거예요.

때로는 홈 파티

베스트셀러 책의 저자가 되었습니다. 운이 좋았습니다. 이십 년 전 라이프 스타일 아카데미의 교장으로 일했을 때였습니다. 계열사였던 출판사의 편집장과 가까워졌고, 그를 집으로 초대해 즐거운 시간을 가졌어요.

그때 '집'을 주제로 한 책을 써보라는 제안을 받았고, 글재주가 없다고 생각한 저는 한사코 고사를 했었죠. 하지만 결국 그의 설득과 도움으로 첫 번째 책을 낼 수 있었고, 이 책은 많은 이들의 사랑을 받았습니다. 저의 첫 번째 책《이야기가 있는 인테리어 집》입니다.

"만약 누군가 내게 세상에서 가장 중요한 예술 작품이 무엇이냐고 묻는다면 아름다운 집이라고 이야기할 것이다." 이 책의 표지에 영국 디자이너 윌리엄 모리스의 글을 인용해

넣었습니다.

오랜 시간이 지났지만 누군가 "권은순에게 집은 무엇입니까?"라고 묻는다면, 나와 가족이 바쁘고 지친 하루를 마치고 돌아와 가장 편하고 행복하게 머물 수 있는 곳이라고 언제나처럼 대답할 겁니다. 그리고 좋아하는 이들이 자주 찾아와 함께 이야기 나누고 맛있는 술과 음식을 나눌 수 있는 곳이라고요.

인테리어 일을 해서인지 외출하기 전 집을 정리해놓는 것이 오랜 습관입니다. 외출에서 돌아왔을 때 정돈되어 있는 집에서 바로 쉴 수 있으니까요. 우리 가족의 식사는 주방의 바에서 간단히 하지만, 거실 옆 공간에는 스무 명 정도가 와도 앉을 수 있는 테이블과 의자가 있습니다. 그리고 집에 찾아오는 누구라도 술과 음식을 나누곤 합니다.

우리 집 홈 파티에는 나름 살짝 정해둔 규칙이 있어요. 누구든, 한 사람도 빼놓지 않고 다같이 즐겨야 한다는 겁니다. 당연하다고 생각하지만 이게 은근 어렵답니다. 모여서 음식과 술을 세팅하고 먹다가 중간중간 정리하며 안주와 술을 바꾸다 보면 누군가는 움직이게 되니까요.

음식은 배달하거나 케이터링 서비스 부르면 되고, 포트락 파티도 자주 합니다. 접대만 하느라 같이 즐기지 못하는 상황을 만들지 않는 거예요. 대신 음식을 차릴 때만큼은 푸드 스타일리스트가 됩니다. 제가 초대했으니 세팅은 제 담당이지요. 음식 만드는 건 즐기지 않아도 예쁘게 담아 먹는 데는 진심입니다. 여행하며 모은 주방 소품이 이때 빛을 발하지요. 꽃과 초 등 데커레이션도 곁들이면 근사한 홈 파티 준비가 완료입니다.

앞접시는 가장 큰 걸로 준비해요. 국물 메뉴가 있다면 조그만 그릇도 따로 준비하고요. 소스 담는 종지도 다양하게 여러 개 준비합니다. 맛있는 음식을 여러 가지 준비했는데, 각각 양념 섞여서 맛 헤치는 게 싫더라고요. 큰 접시에 조금씩 덜어서 고유의 맛을 즐길 수 있게 하는 저만의 작은 배려죠.

정리는 모두 돌아가면 혼자 하려고 해요. 잘 놀다가 누구 한 명 일어나 정리하기 시작하면 흥 깨지는 건 시간 문제죠. 친구가 설거지하게 두지 않아요. 부부 동반으로 모여도 여자들만 종종거리며 설거지든 뭐든 도우려 하는 모습이 싫더라고요. 제 살림이니 저 혼자 슬슬 정리하면 돼요. 이 정도

수고가 어렵다면 홈 파티는 못 즐기는 거죠.

때로는 요리를 잘하는 이들에게 기꺼이 주방을 내어주기도 합니다. 저희 집 주방은 매우 작은데 조리를 하며 거실을 보는 구조라 그날의 초청 셰프와 손님들은 이야기를 나누며 홈 파티 준비를 합니다. 생각만 해도 정겨운 분위기지요.

큰돈 들여 인테리어하고 비싼 가구 들여놓으면 뭐합니까? 거실보다 부엌 인테리어에 더 신경 쓰는 지금 시대이니, 서툴더라도 음식을 만들어 가까운 이들과 함께하는 시간을 가져보세요. 자주는 아니더라도 가끔 둘러 앉아 소소한 이야기 나누는 것만으로 기분 전환이 될 거예요. 집에는 사람들의 따뜻한 온기가 담겨야 하니까요.

편안하고 품격 있는 식사

잘 차려진 식탁을 보면 저는 종종 발레나 오페라의 무대가 떠오릅니다. 제가 유난히 발레와 오페라를 좋아하기 때문일 겁니다.

은은한 조명 아래 반짝이는 커트러리, 정성스럽게 만들고 담아낸 음식, 아름다운 센터피스, 그리고 서로 마주 앉은 사람들의 움직임이 하나의 장면처럼 느껴질 때가 있습니다. 누군가는 조용히 미소 짓고, 누군가는 와인잔을 살며시 들며 고개를 끄덕입니다.

말보다는 눈빛과 몸짓으로 더 많은 것을 나누는 그 모습은 마치 발레처럼 섬세하고, 식탁 위 분위기를 조심스럽게 맞춰가는 과정은 작은 오케스트라 같아요.

이런 식사 자리에서는 정확한 정답보다는 전체의 조화

가 더 중요하다고 생각합니다. 한 사람이 박자를 놓치거나 지나치게 튀는 행동을 하면 그 자리가 어색해질 수 있기 때문입니다.

그래서 저는 기본적인 식사 매너를 알고 즐길 수 있다는 것은 '무대를 위한 리허설'을 마쳤다고 표현하고 싶습니다. 격식을 지키기 위해서라기보다 함께하는 사람들이 서로 편안하고 자연스럽게 어울릴 수 있도록 나부터 조금 신경 쓰는 거죠.

제가 이런 마음을 처음 갖게 된 것은 이십 대 중반 해외 출장을 갔을 때였습니다. 현지에서 열린 비즈니스 파티에 초대받았는데, 어떤 포크를 써야 할지, 어디에 놓인 물잔이 내 것인지 몰라 순간순간 당황했던 기억이 아직도 생생합니다.

그때 마음속으로 생각했습니다. '앞으로 이런 자리에 또 오게 된다면, 최소한의 매너는 알고 있어야겠어.' 좋은 자리에서 나 혼자 괜히 위축되기보다는 나답게 여유 있게 식사하고 대화하고 싶었습니다.

그 시절에는 파인 다이닝이라는 개념조차 생소했습니다. 와인도 지금처럼 흔하지 않았고, 모처럼 양식을 먹는다해도 시내나 대학가의 경양식집 정도였으니까요. 그때 지나치지 않고 조금씩 배워두었던 매너들이 지금까지도 참 많은 도움이 되고 있습니다.

요즘은 결혼식장이나 모임 자리에서도 양식 코스로 식사를 하는 경우가 많습니다. 가끔은 호텔 식당이나 해외 레스토랑처럼 격식을 갖춘 테이블을 마주할 때도 있습니다. 그럴 때 당황하지 않고 자연스럽게 식사를 즐기기 위해서는 몇 가지 기본적인 매너만 알고 있어도 충분합니다.

꼭 외우지 않아도 괜찮습니다. 마음에 닿는 것부터 하나씩 기억해두면 언젠가 자연스럽게 몸짓으로 표현되니까요. 축하와 감사의 마음을 나누는 특별한 날, 정성껏 차려진 식사를 제대로 즐길 수 있다면 더 좋은 기억으로 남게 될 거예요.

식탁 위에서의 태도는 그 사람의 품격을 말없이 보여주기도 합니다. 식사 매너는 남에게 잘 보이기 위한 것이 아니라 함께하는 사람들과 좋은 시간을 보내기 위해 나의 태도를 정리하는 일입니다.

가끔은 멋지게 세팅된 코스 요리를 즐기는 것이 사치라

기보다 삶의 여유가 될 수 있습니다. 한 끼 식사를 나누며 보여주는 매너 있는 행동으로 함께하는 시간은 더 아름다워집니다.

알면 더 즐거워지는 테이블 매너

품격 있는 식사 자리에 필요한 테이블 매너입니다.
냅킨 사용법부터 포크와 나이프의 종류와 사용법,
스푼과 그릇에 대한 이해, 식사 중 지켜야 할 예절까지.
함께 익히며 더욱 즐거운 시간을 만들어보세요.

냅킨 사용법
냅킨은 반으로 접어 무릎 위에 두고,
식사 중에 가볍게 입을 닦는 용도로 사용합니다.
목에 두르거나 셔츠 안으로 넣는 것은
예의에 어긋납니다. 냅킨을 사용한 뒤에는
자연스럽게 자리 위에 올려두면 됩니다.

식기의 위치
자신의 물잔과 빵 접시 위치를 기억해둡니다.
빵 접시는 왼쪽, 물잔과 와인잔은 오른쪽입니다.
간단하게 'BMW(빵·메인·워터)'라고 외우면
도움이 됩니다.

빵 먹을 때
빵은 나이프로 자르거나 통째로 베어 먹기보다는,
손으로 뜯어서 한 입 크기로 작게 나눠 먹는 것이 좋습니다.
버터나 잼을 발라 먹을 때는 나이프를 사용합니다.

포크와 나이프 사용법
포크와 나이프는 바깥쪽부터 안쪽으로 사용합니다.
식사 중에는 팔(八)자로, 식사를 마친 후에는
십일(11)자로 접시 위에 가지런히 둡니다.
손에 든 채로 대화하지 않습니다.
포크와 나이프를 내려둘 때는 나이프의 자르는 면이
상대방을 향하지 않도록 주의합니다.

주의해야 할 식사 예절

휴대폰은 가방 속에 넣어둡니다.
식탁 위에 올려두는 것만으로도 상대에게
집중하지 않는다는 인상을 줄 수 있습니다.

        핸드백은 테이블 위에 올리지 않습니다.
        별도의 보관함이 없다면,
        가방은 의자 등받이와 허리 사이에
        두는 것이 가장 단정합니다.

팔꿈치는 식탁 위에 올리지 않습니다.
손목을 살짝 올려두는 것은 괜찮지만,
팔꿈치를 올리거나 턱을 괴는 자세는
피하는 것이 좋습니다.

        부드럽고 조용하게 말합니다.
        함께한 사람에게 집중하며,
        옆 테이블에 방해가 되지 않도록 주의합니다.
        식기를 사용할 때나 잔을 들고 내릴 때에도
        조심스럽게 행동합니다.

덜어 먹을 때 손을 멀리 뻗거나
다른 사람의 접시에
손을 대는 행동은 삼가야 합니다.
멀리 있는 음식은 가까이 있는 사람에게
건네달라고 조용히 요청합니다.

기침이 나거나 코를 풀고 싶을 땐
자리를 잠시 벗어납니다.
함께한 사람들에게 불쾌감을 줄 수 있으니
조심스럽게 처리하는 것이 매너입니다.

이쑤시개는 자리에서
사용하지 않는 것이 좋습니다.
꼭 필요할 때는 냅킨이나 손으로 가리고,
가능하면 화장실에서 조용히 처리합니다.

식사가 끝나고 자리에서 일어날 때는
의자를 소리 나지 않게 밀어
정리하는 것이 좋습니다.

# 2

대화의 매너

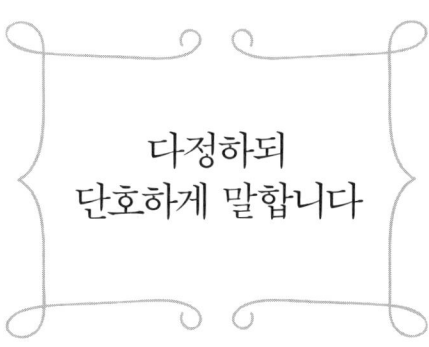

다정하되
단호하게 말합니다

말투만 바꿨습니다

매너에 관해 배우면서 가장 인상적이었고 바로 저의 생활에 적용한 내용이 있었는데, 그건 바로 말투 하나가 얼마나 많은 걸 바꿀 수 있는지였습니다. 단순한 언어의 문제가 아니라, 사람을 대하는 태도라는 걸요. 그때 처음 들었던 말이 아직도 기억납니다.

"명령형보다는 청유형으로 말해보세요."
"줘!" 대신 "줄래?"
"해!" 대신 "해볼까?"
단지 한두 글자를 더했을 뿐인데 말의 온도는 전혀 달라졌습니다.
이후 저는 말할 때마다 청유형 말투로 말하는 습관을

천천히 익혀갔습니다. 이미 삼십 년이 지났으니 어느새 그 방식이 자연스럽게 몸에 배었고, 그 변화가 생각보다 많은 것을 바꿔주었습니다.

"내가 부탁하면 안 되는데, 왜 언니가 부탁하면 들어주지?"

제가 아주 자주 듣는 말이에요. 이건 단순한 말의 내용 차이가 아닐 겁니다. 청유형으로 말하면서 거칠게 얘기하지는 않을 거니까요. 말의 어미 하나를 바꾸는 작은 변화가 사실은 관계를 대하는 나의 태도라는 걸, 저는 실감하며 살고 있습니다.

특히 가까운 사람일수록 말투는 더 중요합니다. '가족이니까, 친구니까'라는 이유로 툭툭 던지는 말 속에는 생각보다 많은 감정이 실려 있기 마련이지요. 솔직함이라는 이름 아래 감정을 여과 없이 내뱉는 말, 편안함이라는 명분으로 무심하게 던지는 말투, 이런 말들이 오히려 관계를 서서히 깎아 내릴 수 있다는 걸 우리는 종종 잊곤 합니다.

이런 상황도 자주 있지요. 친구를 기다리며 즐거운 시간을 기대하고 있는데 반가운 인사를 나누기도 전에 이렇게

말하는 경우입니다:

"아, 진짜 너무 피곤해. 일도 짜증 나고 다 귀찮아."
"요즘 일도 안 풀리고 애들 때문에 미치겠어. 그냥 아무것도 하기 싫다."

듣는 순간, 분위기는 가라앉습니다. 기다렸던 소중한 시간인데 나 역시 바쁘고 힘든 하루를 보내고 왔는데 그 친구의 감정까지 고스란히 떠안게 되는 기분, 누구나 느껴보셨을 거예요.

이런 경우도 있어요.

"아, 차가 왜 이렇게 막혀! 진짜 너무 짜증 나."

약속에 늦게 도착한 사람이 도리어 불쾌한 감정을 그대로 내뱉는 경우입니다. 기다리던 입장에서는 괜히 눈치를 보게 되죠.

"늦어서 미안해, 차가 너무 막혔어. 기다리느라 지루했지?"

그럴 때는 이런 말 한마디면 분위기는 금세 따뜻해질 수 있을 텐데 말입니다.

물론 누구나 지치고 힘든 날이 있고 그런 감정을 말로

표현하고 싶어질 때도 있지요. 하지만 그 감정을 어떻게 말하느냐에 따라 상대의 기분, 나와의 관계, 그날의 분위기까지 달라질 수 있습니다.

그렇다고 해서 힘든 이야기를 하지 말란 뜻은 아니에요. 우리가 친구를 만나고 가족과 대화하는 건 서로의 삶을 나누기 위해서니까요. 삶의 고단함, 일상의 무게, 혼자서 품고 있는 마음을 누군가에게 털어놓고 위로받는 것, 진심으로 응원하며 말 한마디에 다시 힘을 얻는 것, 좋은 관계에서 당연한 거죠.

하지만 그 시작은 늘 상대를 배려하는 말투와 태도에서부터입니다. 내 감정만 먼저 쏟아내기보다는 "너는 어때?", "요즘 어때 보여?" 하고 상대의 마음도 함께 들어주는 자세, 그게 바로 대화를 통해 우리가 서로에게 줄 수 있는 가장 따뜻한 예의가 아닐까요?

그리고 같은 말이라도 어떻게 말하느냐에 따라 그 의미는 완전히 달라집니다. '그랬구나'라는 말도, 무심하게 내뱉으면 무관심처럼 들리고 따뜻한 눈빛과 부드러운 목소리로 말하면 진심 어린 위로가 되죠.

무엇보다 말투는 상대를 위한 것이면서 동시에 나 자신

을 위한 것이기도 해요. 부드러운 말투를 쓰면 내 마음도 덜 날카로워지고 잠시 혼란스러웠던 감정을 다스릴 수 있습니다. 말투 하나 바꿨을 뿐인데 나도 상대도 편안해지고 서로가 한결 가까워지게 될 거예요.

호칭의 중요성

좋은 관계를 유지하기 위해 바르게 사용해야 하는 게 바로 호칭입니다. 무엇이라 부르고 어떻게 부르는가. 그 짧은 한 단어에 사회적 관계가 명시되고 서로를 대하는 마음이 담겨 있습니다.

회사에서는 '대표님', '과장님', '실장님' 등 직함을 부르는 것이 익숙합니다. '권 대리', '김 팀장'처럼 성을 붙여 부르면 공적인 선도 자연스럽게 지켜지고요. 이런 호칭은 사회적 질서 속에 자리를 잡은 만큼 오히려 더 편하게 느껴지기도 합니다.

문제는 사적인 자리나 업무의 연장선에 있는 모임에서 종종 발생합니다. 호칭이 모호해질 때 관계도 어딘가 불편해지곤 하지요. 누군가는 지나치게 직함을 강조하며 어색한 분위기를 만들고, 또 누군가는 너무 쉽게 '언니', '오빠'라 부르며 거리를 좁히려 하기도 합니다.

특히 '오빠'라는 호칭은 더 신중해야 한다고 생각합니다. 단순한 친근함으로 쓰인 말이 상대에게는 다르게 받아들여질 수 있기 때문입니다. 호의가 오해로 바뀌는 건 순식간이거든요. 회사 업무나 공적인 관계에서는 '오빠'라는 호칭은 상대에게도, 자리에 함께 있는 이들에게도 불필요한 오해가 생기는 경우도 있습니다.

언제부턴가 우리 여성들 사이에서는 처음 만난 자리에서도 '언니'라는 호칭을 자연스럽게 쓰면서 "언니, 말 편하게 해요"라고 청합니다. 하지만 저는 처음부터 반말을 트는 걸 어려워하는 성격이라 그럴 때면 늘 이렇게 조심스럽게 묻곤 합니다.

"00씨가 언니라고 했으니 이제 나도 말 놓아야겠네?"

처음이 아니고 친해져서 자연스럽게 반말이 나오려고 하면 동의를 구합니다.

"00씨, 나, 말 편하게 해도 되지?"

그 방식이 딱딱한 예의가 아니라 상대를 함부로 대하지 않으려는 저만의 말 습관입니다.

호칭을 너무 과도하게 반복하는 것도 조심해야 합니다. "회장님, 오늘 회장님께서 말씀하신 회장님 지침에 따라…" 이렇게 호칭을 남발하면 오히려 어색함을 주고 진심 없는 아부처럼 들릴 수 있어요. 말의 중심이 흐트러지고 듣는 이도 불편해지죠. 호칭은 상대에 대한 존중과 배려를 기본으로 대화에 자연스럽게 녹아들어야 합니다.

최근엔 조직 내에서도 호칭의 방식이 바뀌고 있습니다. 위계보다는 수평적인 문화를 지향하며 위아래 구분 없이 'OO님'처럼 이름에 '님'을 붙여 부르는 기업도 많아졌죠. 영어 이름이나 닉네임으로 부르는 회사도 있다고 하고요. 이러한 호칭의 변화는 단순한 유행이 아니라 상대의 인격을 존중하려는 언어의 변화라고 생각합니다.

그리고 저는 늘 마음속으로 되새깁니다. 호칭은 권위가 아니라 존중의 방식이어야 한다는 것을요.

Manner tips

어떤 상황에서도 당황하지 않는
호칭의 매너

이름도 직함도 모를 때
"이분" "저기요…"
어색하게 부르며 지칭하지 않아요.
상대방의 말에 집중해
맥락을 되짚으며 대화를 이어갑니다.

"말씀하신 내용 참고해서요…"
"조금 전에 이야기하신 것처럼…"
"아, 그 부분 정말 인상 깊었습니다."

이름은 들었지만 직함을 모를 때
실례되지 않도록 정중하게 질문하는 것이 가장 좋은 매너입니다.
조심스럽게 묻는 그 태도 자체가 오히려 좋은 인상을 남깁니다.

"제가 호칭을 어떻게 하면 될까요?"
"혹시 직함을 여쭤봐도 괜찮을까요?"
"명함을 못 받아서 그런데 성함이 어떻게 되세요?"

격식을 차려야 하는 상황

직함 확인이 어려울 때 '이름+님'을 사용하면 됩니다.
외부 클라이언트, 연장자, 공식 모임에서도
'님'이 기본입니다. 'OO씨'는 친한 사이 외에는
사용하지 않는 것이 좋습니다. 조직 내부나
동년배 사이에서만 제한적으로 사용합니다.
직함이 있는 사람을 부를 때,
첫 문장에서만 호칭을 명확히 합니다.
이후에는 생략하거나 자연스럽게 흐름을 유지하며
어색하지 않게 대화를 이어가도록 합니다.

나쁜 예
"회장님, 오늘 회장님께서 말씀하신
회장님 의견에 따라 회장님, 제가…"

좋은 예
"회장님께서 말씀하신 내용처럼,
저는 그 부분을 중점적으로…"

호칭은 '강조'보다 '기본의 품격'으로
조용히 들어가야 합니다.

친근한 호칭 (오빠, 누나)

먼저 상대의 동의를 구해야 합니다.
편하게 지내기 위해 쓰는 말이 오히려 상대를 불편하게 만들고
관계를 어색하게 할 수 있습니다. 특히 이성 간의
이와 같은 호칭은 자칫 오해의 여지를 만들 수 있으므로
공식적인 자리에서는 되도록 자제하는 것이 좋습니다.

동의할 때
"자연스럽게 말 놓으셔도 괜찮아요.
저도 편하게 불러도 될까요?"

거절할 때
"아직은 '이름+씨'라고 부르는 게
더 편해서요. 괜찮으시죠?"

상호 존중의 호칭

나보다 나이가 적어 보이는 경우, 어떻게 해야 할까요?
나이가 어려 보여도, 직무나 역할에서
상호 존중이 필요한 관계라면 이름만 부르거나
'야', '씨'를 붙여선 안 됩니다.
상대의 입장이 내 입장보다 먼저입니다.

> 기본 원칙
> '이름+님' 혹은 직함 확인 후
> 그에 맞게 부르기

마음을 움직이는 대화의 기술

"선배가 좀 연락해보세요. 선배 말이라면 다 들어주던데…."
가끔 후배들이 답답하다며 제게 와 투덜댑니다. 저는 웃으며 고개를 끄덕입니다. 디자이너로 일하며 정말 많이 겪어온 장면이니까요.

제품을 디자인하고, 공장에 의뢰하고, 현장에서 함께 문제를 해결하는 과정 속에서 저는 하나의 기술을 익히게 되었습니다. 그건 바로 거절당하기 어려운 방식으로 부탁하는 법. 단순한 설득이 아니라 상대가 도와주고 싶은 마음이 절로 들게 만드는 태도입니다.

소호앤노호 기획실장 시절, 선인장을 모던한 스테인리스 화분에 담는 디자인을 했어요. 그런데 제가 연락한 스테

인리스 공장은 주로 싱크대나 건축 자재 같은 대형 제품만 다루던 곳이었고, 작고 손이 많이 가는 화분 제작은 상식적으로 거절당할 수밖에 없는 일이었지요. 그래도 저는 작업지시서를 팩스로 보내고, 전화를 걸어 정중하게 부탁드렸습니다.

"이런 작은 작업이 번거로우신 거, 잘 알고 있어요. 하지만 한 번만, 테스트로 만들어봐주실 수 있을까요?"

말투에 진심을 담았을 뿐인데, 대표님은 잠시 뜸을 들이다가 이렇게 말씀하셨어요.

"그렇게 부탁하시니 거절할 수가 없네요."

그 화분은 출시되자마자 폭발적인 반응을 일으켰고, 리오더에 리오더가 이어졌습니다. IMF 시절, 많은 공장이 문을 닫을 때도 그 공장은 이 제품 덕분에 버틸 수 있었고, 대표님은 제게 무척 고마워하셨습니다.

그 후로도 저의 부탁은 계속되었고, 저는 그럴수록 더 조심스러워졌습니다. 부탁이란 건 결국 상대의 시간과 노력을 내 일에 보태달라는 요청이니 쉽지만은 않았습니다.

"지금 상황은 어떠세요? 가능하신가요?"

이 작은 질문 하나가 부탁을 함께 풀어갈 문제로 바꿔주었습니다. 함께 머리를 맞댔고, 그럴수록 공장분들은 제게 마음을 열어주셨습니다.

"이제 안 와도 돼요."

그 말을 들을 때면 저는 오히려 감사했습니다. 부탁은 말로만 하는 게 아니라, 태도와 함께 쌓아가는 관계의 결과라는 걸 그분들이 먼저 알려준 거니까요.

제가 믿고 일해온 또 한 사람은 한 배송업체의 사장님입니다. 무겁고 깨지기 쉬운 짐을 일정 안에 정확히 옮겨야 하는 작업이 많았기에 그분의 존재는 우리 팀에 없어서는 안될 사람이었어요. 어떤 짐이든, 어떤 상황이든 걱정이나 짜증 한마디 없이 분위기를 부드럽게 만들어주시던 분. 그런데 그분과의 시작도 다르지 않았습니다.

어떤 일이든 저는 먼저 깍듯하게 인사하고, 정중하게 일을 의뢰하고, 함께 식사를 나누며 "이 일을 함께해주셔서 정말 감사합니다"라는 마음을 늘 표현했습니다. 존중을 받는 사람은 그 일에 더 큰 책임감을 갖게 되니까요.

가장 기억에 남는 건, 크리스마스 프로젝트였습니다. 건물 외벽을 장식하는 작업은 한겨울 바람을 그대로 맞으며 진행되는 고된 일이죠.

날씨가 유난히 추웠던 어느 날, 외벽 위에서 작업 중인 분들을 보며 저는 가만히 있을 수 없었습니다. 함께 일하던 직원과 백화점으로 달려가 모직 머플러와 핫팩을 넉넉히 사 왔습니다. 그리고 쉬는 시간에 하나하나 건네드리며 말씀드렸습니다.

"이것으로도 부족하겠지만 조금이라도 따뜻하게 하시라고요."

그 순간, 한 분이 이렇게 말씀하셨어요.

"이렇게 챙겨주는 분은 처음이에요."

그 말을 듣는 순간 저는 더 이상 부탁을 하는 사람이 아니라 함께 일하는 동료가 된 것 같아 마음이 찡했습니다. 그 이후로 매년, 그분들은 언제나 제 일은 우선으로 생각해주셨고, 제가 건넨 말은 늘 이 한마디면 충분했죠.

"고생 많으세요. 부탁드려요."

부탁은 늘 어렵습니다. 하지만 어떻게 말하느냐, 어떤 마음으로 다가가느냐에 따라 그 부탁은 '거절당하는 일'이 아니라 '기꺼이 함께하는 일'이 되기도 합니다. 그리고 저는 믿습니다. 거절할 수 없는 부탁이란 결국, 한순간의 말이 아니라 그 동안 내가 쌓아온 태도와 관계에서 비롯된다는 것을요.

친절과 존중을 무기로 하는
설득의 노하우

상대를 이해하는 마음으로 대화를 시작하세요
"이런 부탁이 쉽지 않다는 걸 잘 알아요."

◆ 상대의 입장을 먼저 인정하는 말이
  방어적인 태도를 자연스럽게 허물어줍니다.

정중하지만 따뜻한 말투로 말하세요
"바쁘신데 죄송해요.
그래도 이번만 부탁드릴 수 있을까요?"

◆ 예의 속에 진심을 담는 것이 핵심입니다.

'부탁'이 아닌 '함께하는 제안'처럼 요청하세요
"이번 프로젝트는 저도 애정이 커서요.
함께 멋지게 완성해주시면 감사하겠습니다."

◆ 상대를 내 일에 '초대하는 말투'가 설득의 포인트입니다.

'제안'과 함께 '믿고 있다'는 신뢰를 표현하세요
"지금까지 늘 멋지게 해주셨잖아요.
이번에도 잘 부탁드릴게요."

◆ 신뢰는 상대의 책임감을 끌어올리는 가장 좋은 언어입니다.

진심이 담긴 작은 배려를 보여주세요
"추우실까 봐 핫팩을 준비했어요."
"시원한 음료 드시면서 하세요."

◆ 설득은 말보다 행동에서 시작됩니다.

가까운 사이일수록 경청합니다

경청은 단순히 귀를 기울이는 것이 아니라 마음을 내어주는 일이죠. 그저 조용히 곁에 있어주는 것만으로도 누군가에게는 깊은 위로가 될 수 있습니다.

저에게는 오랜 시간 가까이 지낸 후배가 있어요. 자신의 회사를 운영하느라 늘 바쁘고, 약속을 잡아도 시간을 맞추기 어려워하곤 했죠. 하지만 저도 비슷한 경험이 있어서, 서운함보다 이해가 먼저였어요. 그래서 늘 기다려주었습니다.

어느 날, 그 후배가 무거운 얼굴로 찾아왔어요. 집안 사정, 가족과의 갈등, 마음속 응어리까지… 그녀는 제 앞에서 조용히 눈물을 흘리며 말없이 울기 시작했죠. 저는 아무 말도 하지 않았어요. 고개를 끄덕이며, 그녀가 말을 다할 때까지 기다려주었을 뿐이었어요. 그날 이후 그녀는 말했어요.

"언니, 그날 제 이야기 들어줘서 정말 고마웠어요. 말하고 나니 마음이 편안해졌어요."

그 인연은 지금까지도 이어지고 있어요. 지금도 만날 때마다 '밥은 자기가 살 차례'라며 기꺼이 먼저 지갑을 엽니다. 경청이 만들어준 따뜻한 우정이에요. 그런데 꼭 좋았던 기억만 있는 건 아니에요. 한번은 그 후배가 감정이 격해진 채 이렇게 말한 적이 있어요.

"언니, 그건 언니가 잘못한 거야."

순간 억울했고, 마음이 상했습니다. 반박하고 싶은 마음이 목구멍까지 차올랐죠. 하지만 그 순간 저는 잠시 멈췄어요.

'지금 이 아이는 내 입장을 듣고 싶은 게 아니라, 자기 감정을 쏟아내고 싶은 거겠지.'

그래서 조용히 고개만 끄덕였습니다. 그날 밤, 그 친구에게서 긴 메시지가 도착했어요.

'언니, 미안해요. 그땐 내가 너무 감정적으로 말했어요. 그런데 언니가 말없이 들어줘서 오히려 더 미안했어요.'

그날의 침묵은 오히려 우리 사이를 더 단단하게 만들어

주었습니다. 말하지 않는 것도, 때로는 깊은 이해와 용기의 표현일 수 있어요.

사실 저는 남편을 통해서도 경청의 힘을 자주 느낍니다. 주변 여자 후배들은 제 남편을 두고 종종 이렇게 말해요. "형부는 잘 들어줘서 부러워요. 저희 남편과는 대화가 안 돼요." 그럴 때마다, 말이 안 통하는 부부 관계가 얼마나 많은지를 실감하게 됩니다.

남편은 어떤 이야기를 들어도 판단부터 하지 않아요. 고개를 끄덕이며, "아이고, 그렇게 되면 속상하지~" 하며 맞장구를 쳐줘요. 상대의 말이 끝날 때까지 자르지 않고, 충분히 들어준 뒤에야 자신의 의견을 조심스럽게, 짧게 이야기합니다.

그래서 제 주변 사람들도 남편을 편하게 느낍니다. 누군가의 이야기를 흥미 있게, 집중해서 들어주는 태도는 사람을 안심하게 만드는 힘이 있어요. 그리고 그건 누구보다도 가장 가까운 사이인 부부 사이에서 가장 필요한 태도가 아닐까요?

경청할 때의 몇 가지 소소한 팁을 알려드릴게요. 우선 당연히 말을 끊지 않아요. 침묵을 두려워하지 말고, 상대가 끝까지 말할 수 있도록 기다려주세요.

눈으로도 듣는다는 말이 있다는 거 아세요? 고개를 끄덕이고 시선을 맞춰주는 제스처만으로도 '당신을 이해해요', '그 마음 존중해요'라는 메시지가 전해져요.

함부로 판단하지 않는 것도 중요합니다. 맞고 틀림이 아니라 그 사람의 감정을 있는 그대로 바라봐주는 시선이 필요합니다. 마찬가지로 충고보다는 공감이 먼저겠죠. "그래서 속상했겠구나." 그 한마디가 깊은 위로가 됩니다.

조언은 요청받을 때만 전하세요. 혹은 조언하기 전, "내 생각을 들어볼래?" 한마디로 상대의 마음 준비를 묻는 배려가 필요해요.

말을 잘하는 것보다 말을 잘 들어주는 사람이 더 귀해지고 있습니다. 말보다 경청이 필요한 순간, 누군가의 말을 귀담아 들어주고 호응과 공감을 더해주세요. 이것이 꼭 기억해야 할 대화의 매너입니다.

칭찬은 누군가를 웃게 하고, 누군가를 바꿉니다

매너에 대해 말할 때면 흔히 조심스러움을 먼저 떠올립니다. 말은 줄이고, 행동은 절제하고, 큰소리보다는 낮은 음성으로, 조용한 태도와 단정한 몸짓이 매너의 기본처럼 여겨지지요.

하지만 저는 그 원칙에 딱 하나 예외를 둡니다. 칭찬만큼은 조금 더 밝고, 솔직하고, 들뜨게 해도 괜찮다고 믿습니다. 그 한마디는 사람의 마음을 환하게 밝혀주고 관계를 발전시키는 밑거름이 됩니다. 심지어는 주변의 분위기까지 바꾸는 놀라운 힘을 가졌으니까요.

저는 오래전부터 거의 매일 운동하러 다닙니다. 땀이 나고 웃음이 터지고 몸과 마음이 활기를 되찾는 시간들이죠. 그런데 이곳에서 의외의 변화가 생기곤 합니다.

"언니, 건강해 보여요."

"운동복이 정말 세련됐어요!"

제가 자주 듣는 말이에요. 처음엔 민망하지만 들을수록 기분이 좋아지더군요. 그리고 놀랍게도 그 칭찬이 저에게만 영향을 준 게 아니었습니다. 다른 회원들도 하나둘씩 예쁜 운동복을 입기 시작하고, 자극을 받았다며 다이어트를 결심하거나, 더 열심히 운동하겠다고 말하는 분들이 늘어났어요. 서로를 관찰하고 변화를 인정하며 자연스럽게 웃으며 말합니다.

"오늘 새 신발이네! 색깔 너무 예쁘다."

"운동할수록 몸매가 더 좋아지는 것 같아요!"

그 변화가 즐겁고 저도 기쁜 마음으로 다시 그들을 칭찬하게 됩니다. 칭찬은 그렇게 환한 선순환의 물결을 만들며 번져갑니다.

우리 클럽에는 유난히 칭찬을 자주 하는 동생들이 있습니다. 누구든 "오늘 너무 멋져요", "헤어스타일 잘 어울려요"라는 말을 밝은 표정으로 거리낌 없이 건네죠. 그 동생들을 보면 늘 느낍니다. 칭찬을 잘하는 사람, 마음이 넓고 따뜻한 사람이구나. 포용력이 있는 사람은 상대방의 장점을 먼저 보게 되고 그걸 기꺼이 말로 표현할 줄도 아는 법이지요.

심리학자들은 말합니다. 칭찬을 받으면 우리 뇌에서는 도파민이라는 행복 호르몬이 분비되고, 그것이 동기를 자극하며 긍정적인 행동을 반복하게 만든다고요.

심지어 칭찬을 건넨 사람조차 정서적으로 더 안정되고 자기 만족감이 높아진다는 연구 결과도 있답니다. 이 얼마나 아름다운 선물인가요. 칭찬은 결국 주는 이와 받는 이 모두를 성장시키는 도구인 셈입니다.

아이에게는 자존감을 심어주고 직원에게는 일의 의미를 되새기게 하며, 제 경험상 중년 여성에게는 다시금 자기 자신을 사랑할 용기를 줍니다.

칭찬은 상대의 존재를 알아봐주는 중요한 언어입니다. "수고했어요" 대신 "덕분에 일이 더 잘됐어요"라고 말할 수 있다면, 그 관계는 더 깊어질 수밖에 없지요.

사실 칭찬이 익숙하지 않은 사람들도 많아요. 경쟁심

때문이기도 하고 쑥스럽거나 내 감정을 표현하는 데 어색해서이기도 하죠. 첫 한마디만 용기 내면 그 다음부터는 훨씬 쉬워져요. 그저 바라보고 지켜보고 마음을 담아 말을 건네면 됩니다. 그 말이 진심이라면 그건 반드시 전해지게 되어 있어요.

    칭찬을 받은 사람이 변화하고, 그 변화를 지켜본 또 다른 사람이 자극받고, 그 사람이 다시 다른 이를 칭찬하도록 만들어요. 우리는 그렇게 서로의 거울이 되며 조금 더 따뜻하고 멋진 세상을 함께 만들어가는지도 모릅니다.

    우리의 한마디가 누군가의 하루를 빛나게 합니다. 그리고 그 하루가 또 다른 사람을 바꾸기 시작할지도 몰라요.

진심을 담은 칭찬의 기술

구체적으로 말하기
단순한 말 한마디보다 관찰이 담긴 말은
진심으로 느껴집니다.

"예쁘다" 대신에
"그 니트 컬러가 오늘 분위기랑 정말 잘 어울려요."

노력의 과정에 주목하기
결과보다 과정에 감탄해보세요.

"요즘 꾸준히 운동하더니
자세가 정말 안정돼 보여요."
"그 프레젠테이션 준비하느라
정말 고생했겠어요."

사소한 변화도 놓치지 않기
사람들은 생각보다 작은 부분에서 감동을 받습니다.

"요즘 얼굴이 더 편안해 보여요. 좋은 일 있나 봐요?"
"헤어스타일 살짝 바꾸셨죠? 더 어려 보이세요."

                진심은 천천히, 부드럽게
                칭찬은 톤과 온도가 중요해요.
                속삭이듯 말하거나,
                조용히 웃으며 건네는 한마디가
                오히려 더 울림이 있습니다.

글로 전하기
말로 하기 어렵다면 메모,
문자, 댓글로라도 표현해보세요.

"오늘 이야기 들으며 많이 배웠어요. 고맙습니다."
"이 사진 속 분위기, 정말 멋져요."

어른의 태도

아들이 어릴 적, 밥을 먹다가 국을 엎질렀던 적이 있어요. 깜짝 놀란 얼굴로 저를 바라보던 그 순간, 저는 아무렇지도 않게 웃으며 조용히 닦기 시작했습니다. 아이가 일부러 그런 것도 아니었고 그 상황에서 다그치거나 훈계할 이유는 없다고 생각했거든요.

"괜찮아, 누구나 그럴 수 있어."

그 말조차도 하지 않았습니다. 그조차도 아이에게 '지금 너는 실수했어'라는 인식을 줄 수 있으니까요. 아이는 함께 조용히 닦았고 표정은 금세 편안해졌습니다. 말보다 먼저 전해지는 건 비난하지 않는 눈빛, 고요하게 받아주는 태도일 겁니다.

많은 부모들은 아이를 사랑하는 마음으로 무언가를 끊

임없이 가르치고 조언하려 합니다.

"나는 너를 이해해."

"엄마는 널 믿어."

하지만 진짜 믿음과 이해는 말이 아니라 느낌으로 전해져야 합니다.

우리는 종종 아이의 말을 다 듣기도 전에 "그럴 줄 알았어", "엄마가 시킨 대로 했으면 안 이랬어" 하는 식으로 대화를 정리하려 듭니다. 하지만 그런 말들은 아이의 고민을 가볍게 여기고 결국 마음의 문을 닫게 만들 수 있습니다.

아들이 중학생이던 시절, '인생 트리'라는 수업 시간이 있었어요. 큰 나무 그림 속에 다양한 아이들이 그려져 있었죠. 어떤 아이는 나무 아래에 있고, 어떤 아이는 나무를 타고 올라가는 중이고, 어떤 아이는 꼭대기에서 만세를 부르고 있었습니다. 그리고 곁가지 위에 배짱이처럼 누워 있는 아이가 있었는데 바로 그 아이에게 아들의 동그라미가 쳐져 있었습니다. 그 그림을 우연히 보았을 때 솔직히 마음이 복잡했어요.

'뭔가를 하려고 하지 않는 걸까?'

'그저 편하게만 살고 싶은 마음 아닐까?'

아이에게 "왜 그런 걸 골랐어?"라고 묻고 싶은 마음도 들었죠. 하지만 참았습니다. 제가 그런 질문을 던진다고 아이가 갑자기 무언가를 열심히 하게 되는 건 아니기 때문입니다. 그보다 아이가 느끼는 자신의 상태를 그저 한 번 있는 그대로 바라봐주는 것이 더 큰 존중이 될 수 있다고 생각했어요.

제 아들은 무언가를 파고드는 스타일은 아니었지만 자신의 속도로 조용히 잘 자라주었습니다. 지금은 사회생활도 열심히 하고 자기 자리에서 묵묵히 자리를 지키며 잘 살아가고 있어요. 만약 그때 제가 "왜 그렇게 편한 것만 택하니?" 하고 물었다면 그 말이 아이에게는 큰 압박이 되었을지도 모릅니다.

사실 이런 일은 아이에게만 해당되는 것이 아닙니다. 어른과 젊은 세대 사이에서도 자주 일어나는 일이에요. 젊은이가 조심스레 고민을 꺼내면 어른들은 쉽게 이렇게 말하곤 합니다.

"내가 네 나이 땐 말이야."

"그건 그렇게 하면 안 돼."

경험에서 우러난 조언일 수도 있지만, 상대방의 마음이

준비되지 않은 상태에서 던지는 말은 오히려 마음의 문을 닫게 합니다.

어른들은 종종 예의를 말합니다.
"요즘 애들은 인사도 안 해."
"젊은 사람들은 참을 줄을 몰라."
진짜 어른이라면 자신보다 어린 사람에게도 예의를 지킬 줄 아는 사람일 겁니다. 상대가 나를 평가하지 않고 있는 그대로 받아줄 것이라는 믿음, 그 믿음이 있어야 사람은 마음을 열고 자신의 이야기를 꺼냅니다.

아이든 젊은이든 동료든 누군가가 우리에게 진심을 말한다는 건, 이미 말이 통할 거라는 믿음을 품고 있다는 뜻입니다. 그 믿음을 지키는 가장 좋은 방법은 서두르지 않고, 먼저 들어주는 일입니다.

참, 그런 일이 있었습니다. 아들이 대학 시절, 아들의 친구가 저를 한번 만나고 싶다며 찾아온 적이 있었어요. 그날 이후, 아들의 친구들이 진로나 유학 문제로 제게 조용히 이야기를 털어놓기 시작했죠. 저는 특별한 조언을 하기보다는 그저 그 아이들의 말을 끝까지 들어주고, 자신의 인생 계획을 스스로 말할 수 있는 시간을 만들어주려 했습니다. 그들이 다시 찾아온 건 제가 무언가를 '잘 말해서'가 아니라 '편하게 들어주고 그들을 응원해주었기 때문'이었겠지요.

우리는 누구나 말이 통하는 사람을 만나고 싶어 합니다. 그러나 그보다 먼저 말이 통한다고 느껴지는 사람이 되는 것, 그게 어른으로서 우리가 지녀야 할 태도 아닐까요?

침묵을 지켜야 할 때

살다 보면 억울한 일을 겪는 순간들이 찾아옵니다. 분명 내가 잘못한 건 아니지만 손해를 보거나 누군가의 무책임한 행동에 상처를 입기도 하지요. 그럴 때면 저는 한발 물러나 이렇게 스스로에게 묻습니다.

"이 사람은 왜 이렇게 행동했을까?"

억울한 감정이 올라올수록, 한 번쯤은 상대의 입장을 돌아보려 애써봅니다. 그리고 결국 따지기보다 침묵합니다. 그 침묵은 때론 지는 것처럼 보였으나, 돌아보면 언제나 저를 가장 평화롭게 만들어주었습니다.

한번은 우리가 처음 아파트를 장만하고, 입주 전 인테리어 공사를 하던 시절이었어요. 살림살이를 한 달간 외부 창고에 맡겨두었는데, 하필 그 창고에서 큰불이 났습니다. 우리의 짐은 전부 타버렸고 창고 측은 보험조차 들어두지 않아 제대로 된 보상도 기대할 수 없었지요. 사람들은 분노했고 집단소송을 준비하기도 했습니다. 당연한 반응이었겠지요.

하지만 저는 싸우지 않기로 마음먹었습니다. 모든 것을 잃은 건 저도 마찬가지였고 상실감은 말로 다 할 수 없었지만, 그 순간 문득 창고를 운영하던 사람의 입장이 떠올랐습니다. 보험도 없이 얼마나 무서웠을까, 이미 그 사람도 무너지고 있지는 않을까, 생각하니 마음에 조금씩 여유가 생기더군요.

그래서 저는 새로 시작하기로 했습니다. 값비싼 물건은 아니어도 그때의 삶에 어울리는 소박한 것들로 다시 채워가자고 다짐했어요. 그 결정은 결국 저를 지켜준 선택이었습니다. 이미 사라진 것을 붙잡고 화를 쏟아낸다고 해도 내 시간과 에너지만 더 아프게 소모될 뿐이었으니까요.

비슷한 일이 또 있었습니다. 지인이 급하다는 말에 돈을 빌려줬는데, 시간이 지나도 갚지 않았습니다. 오히려 연락을 끊고 나중엔 되레 화를 내더군요. 물론 속상했지요. 돈이 아깝지 않았다면 거짓말일 거예요. 하지만 그 돈을 좇으며 다투고 상처받는 것보다, 그 일을 통해 제 안의 허술함을 인정하고 더 단단해지기로 했습니다. 그저 잃은 만큼 나를 더 챙기며 살기로요. 그렇게 하면 있는 돈 안에서도 충분히 살아갈 수 있으니까요.

가족 사이에서도 마찬가지였어요. 우리는 늘 잘 지내려고 노력했지만, 아주 가끔은 작은 불화의 조짐이 피어오를 때가 있었어요. 그럴 때 저는 화난 표정을 짓지 않으려 애썼고, 기분 상하는 말을 꺼내지도 않았습니다. 감정을 쏟기보다 잠시 침묵하며 기다려보는 거예요. 그러면 신기하게도 시간이 조금만 지나도 어느새 아무렇지 않게 풀리곤 했습니다.

남편과도 그렇습니다. 서로 기분이 상할 때도 두세 마디 이상은 주고받지 않으려 애써요. 그 이상 말을 더하면 불씨가 커질 게 뻔하니까요. 그래서 저는 그럴 때 잠시 거리를 둡니다. 그러다 보면 나중에는 '별것도 아닌 일로 싸울 뻔했네' 하며 안도하게 되는 경우가 많았습니다.

하지만 솔직히 저는 거의 모든 관계에서 잘 참는 편이지만 유독 남편에게는 그게 잘 안됩니다. 작은 일에도 괜히 신경이 쓰이고 참지 못하는 순간들이 있지만, 심지어 그럴 때도 겉으로 표현은 안 하려고 애씁니다. 하지만 생각까지 마음대로 되지는 않는 거예요.

'왜 남편에게만 이럴까?'

다들 알겠지만 가장 가까운 사람이기 때문이잖아요. 나의 본모습을 가장 많이 보여주는 사람. 그리고 '이 사람이라면 나를 이해해줄 거야' 하고 무의식적으로 기대하는 사람. 그러다 보니 마음 한 켠엔 '남편이 좀 더 완벽했으면' 하는 바람도 있는 것 같아요. 내가 말하지 않아도 먼저 알아주고, 먼저 챙겨주길 바라는 마음. 그런 기대가 실망으로 돌아올 때 서운해지고 감정이 앞서게 되더군요.

부부란 어쩌면 가장 많은 인내가 필요한 관계이자 가장 쉽게 감정을 쏟게 되는 관계이기도 합니다. 그래서 더더욱 조심해야 하고 더 많이 배려해야 한다는 걸 시간이 흐를수록 실감합니다.

사람들은 종종 말합니다.

"참는 사람이 바보지."

하지만 저는 그렇게 생각하지 않아요. 조용히 물러서는 용기는 때로 가장 강한 힘이 되니까요. 배려는 약함이 아니라 강함이고, 침묵은 회피가 아니라 선택입니다. 그 힘은 말없이 흘러 결국 나에게도 배려로, 존중으로, 평화로 돌아오더군요.

    싸우지 않는다고 해서 모두에게 좋은 사람은 아닐 수 있어요. 하지만 저는 저 자신에게 좋은 사람이 되고 싶습니다. 한 번 더 돌아보고 한 걸음 더 물러설 수 있는 사람, 어느 상황에서도 평화를 선택하는 사람, 그런 사람이 되고 싶습니다.

부드러움이 단단함을 이깁니다

누구나 실수할 수 있습니다. 그리고 그런 순간, 당사자는 이미 당황하고 미안한 마음을 얼굴에 고스란히 드러내고 있지요. 그럴 때 누군가가 화를 낸다고 해서 상황이 달라지는 건 없습니다.

오히려 "괜찮아요. 일단 해결부터 해요"라는 한마디가 그 사람을 다시 일어서게 하고, 상황을 훨씬 빠르게 회복시켜주곤 합니다. 책임을 묻는 건 그 다음이어야 합니다.

사람들은 종종 제게 묻습니다.

"그럴 땐 단호하게 혼내야 정신 차리는 거 아니에요? 할 말은 해야죠."

하지만 저는 이렇게 생각해요. 정신을 차리게 하는 건 실수한 순간 누군가가 나를 여전히 믿어준다는 느낌, 그 감정이 사람을 더 단단하게 만든다고 믿습니다.

한번은 독일에 재생소재 바구니 2,000개를 발주한 일이 있었어요. 디자이너들은 도면을 완성했고, 저도 검토 후 컨펌했고, 클라이언트의 컨펌 후 발주를 진행했습니다. 그런데 막상 샘플을 받고 보니 예상치 못한 문제가 생겼습니다. 이 바구니는 겹겹이 쌓이는 구조인데 아주 미세한 오차 때문에 서로 포개지지가 않았죠. 그 실수는 어느 한 사람의 잘못이라기보다 샘플을 실제로 겹쳐보지 않고 주문한 모두의 실수였어요. 이런 상황에서는 도면을 그린 디자이너의 책임이라고 다그치는 경우가 대부분일 겁니다. 독일 측도 도면대로 정확히 만든 것이니까요.

하지만 저는 컨펌한 제게도 클라이언트에게도 책임이 있다고 생각했습니다. 그리고 이 상황에서 해결은 저의 몫이라고 생각했습니다. 그래서 독일 공장에 정중히 요청했습니다.

"이 제품은 납품이 어렵습니다. 고쳐주실 수 있을까요?"

처음에는 안 된다는 답이 돌아왔어요. 당연한 거지요. 그래서 이렇게 말했습니다.

"어쩔 수 없이 저희가 다시 발주하겠습니다. 다만 이

2,000개를 한국에서 받아 폐기하는 과정이 번거로우니 현지에서 폐기해주실 수 있을까요? 비용이 든다면 저희가 부담하겠습니다."

다음 날, 독일 측에서 전량을 수정해 다시 보내주겠다는 연락이 왔습니다. 저는 마음 깊이 감사했고, 동시에 확신했어요. 책임을 따지기보다는 함께 해결하겠다는 태도, 상대를 원망하지 않고 정중히 요청하는 방식이 오히려 큰 문제를 원만하게 풀 수 있다는 걸 다시금 깨달았습니다.

또 한번은 김장을 앞두고 배추가 배송되지 않는 일이 있었어요. 모든 양념은 다 준비된 상태였고 폭설로 인해 택배가 전국적으로 마비되어 있었죠. 배추를 기다리던 사람들의 항의 전화가 공장에 빗발쳤을 겁니다. 저도 당황했지만 화를 내는 대신 문자를 보냈어요.

"혹시 제가 직접 가지러 가면 받아 올 수 있을까요?"

남편과 저는 충청북도 괴산까지 눈길을 달려갔습니다. 공장에 도착하니, 직원 분들이 난로에 고구마를 구워 드시며 우리를 따뜻하게 맞아주셨어요. 서로 웃으며 고구마를 나눠 먹던 그 순간이 지금도 마음에 남아 있습니다. 공장 사장님은 감사하다며 무채와 무를 한가득 챙겨주셨어요.

돌아오는 길에 저는 생각했죠.

'화를 내기보다 상황을 이해하고 내가 직접 찾아가길 참 잘했다.'

서로 불쾌할 수 있었던 일을 이해와 배려로 풀어내며 좋은 인연으로 이어지게 되었고, 저는 올해도 그 배추 공장에 김장 배추를 주문할 예정입니다. 그 마음을 기억하면서요.

화를 내는 사람을 보면 그 사람의 말보다 그 사람의 마음 상태가 먼저 보이더라고요. 저 사람은 지금 마음이 많이 힘든 걸 거야. 불안하거나, 아프구나. 그렇게 이해하게 되니, 제 마음의 평화는 쉽게 흔들리지 않게 되었습니다.

심리학자들도 말합니다. 화를 잘 내는 사람은 단순히 참을성이 부족한 게 아니라 감정적으로 아픈 상태일 수 있다고요. 감정 조절 능력이 낮을수록 자기 감정을 인식하지 못하고 외부 탓으로 돌리는 경향이 있고, 자존감이 낮을수록 비판에 민감해지고 그 불안을 감추기 위해 분노로 반응한다고 합니다. 결국 화는 타인을 향한 감정처럼 보이지만, 사실은 자신의 불안과 고통이 드러나는 방식일 수도 있습니다.

저는 그런 사람을 만나면 이렇게 생각합니다. 그 사람은 지금 자신을 다독일 여유가 없는 거야. 그러니까 내가 흔들리지 말아야지.

물론 저도 완벽하진 않아요. 남편과 뜻이 어긋날 때, 혹은 후배가 실수했을 때, 한순간 울컥할 때도 있지요. 하지만 그럴수록 잠시 숨을 고르고 "괜찮아, 이건 우리가 같이 다시 하면 돼" 하고 제 자신에게 말을 건넵니다. 그러면 관계는 무너지지 않고, 오히려 더 단단해집니다.

"물에는 고정된 모습이 없다. 둥근 그릇에 담기면 둥근 모습을 하고 모난 그릇에 담기면 모난 모습을 한다. 뜨거운 곳에서는 증기로 되고 차가운 곳에서는 얼음이 된다. 이렇듯 물에는 자기 고집이 없다. 자기를 내세우지 않고 남의 뜻에 따른다." 법정 스님은 부드러움이 단단함을 이기는 것, 이것이 세상 사는 지혜의 전부라고 말씀하셨죠.

그분의 모습을 보며 저는 배웠습니다. 말을 줄이고, 감정을 품는 태도야말로 진짜 우아함이고 단단한 힘이라는 걸. 저는 항상 마음을 다잡습니다. 화를 참기보다는 품는 사람이면 좋겠다. 상대의 불편한 태도보다 그 안에 있는 마음의 소란을 먼저 알아차릴 수 있으면 좋겠다. 그리고 말 대신 묵묵한 이해로 옆에 머무를 수 있는 사람이면 좋겠다. 그게 제가 지향하는 조용한 힘, 우아한 태도입니다.

말은 마음을 담는 그릇입니다

말은 그 사람의 내면을 비추는 거울이자 그가 바라보는 세상의 방향을 보여주는 창이기도 하지요. 그 사람이 주로 어떤 이야기를 하는지, 어떤 주제로 대화를 이끄는지를 보면 그 사람의 인격, 가치관, 관심사가 고스란히 드러납니다. 그뿐만 아니라 이러한 대화의 내용이 상대에게 더 깊은 영향을 끼치게 됩니다.

누군가를 칭찬하는 말, 아름답다고 생각하는 것들에 대한 대화, 실패했지만 그 안에서 배운 점을 조용히 고백하는 이야기, 이런 말들은 상대의 마음을 따뜻하게 감싸주고 그 순간의 대화를 오랫동안 기억에 남게 하지요. 내가 잘 보이기 위한 말이 아니라 상대에게 진심을 건네기 위한 말이어야 합니다.

피해야 할 이야기도 있습니다. 진심을 전한다고 해서 모든 말이 의도대로 전달되는 것은 아닙니다. 가깝다고 해서 아무 말이나 해도 되는 것도 아니고요.

특히 성적인 농담이나 외모에 대한 무심한 언급, 가족사를 비롯해 나이, 직업, 경제 수준 등 타인의 사적인 이야기를 대화의 재료로 삼는 것은 친근함이 아니라 무례일 수 있습니다. 정치나 종교 이야기도 환영받지 못하는 주제입니다. 굳이 하지 않아도 될 말을 참고 넘어가는 것도 배려의 일부일 수 있어요. 자제할 수 있어야 진짜 매너 있는 사람입니다.

웃자고 한 말이 언제나 웃음을 주진 않지요. 대화 중 타인을 언급할 땐 그 사람이 이 자리에 있어도 할 수 있는 말인가 스스로에게 먼저 물어봐야 합니다.

자칫 사생활을 빌려 대화를 풍성하게 하려는 시도는 결국 내 이야기의 깊이나 삶의 경험이 부족하다는 방증일지도 모릅니다. 함께 웃는 유머와 혼자 웃는 유머는 다릅니다. 좋은 유머는 분위기를 띄우지만 나쁜 유머는 분위기를 가라앉힙니다.

저는 조심스러운 주제 대신 이런 얘기를 꺼내곤 해요.

"오늘은 어땠어?", "일이 바빴지?" 이 짧은 한마디는 상대의 일상에 관심을 보이는 질문이죠. 따뜻한 대화를 시작하기에 충분해요.

"우리 예전에 이런 일이 있었잖아요"처럼 가볍고 정감 있는 회상은 나이와 상관없이 훈훈한 공감을 일으킬 수 있어요. "요즘 어떤 음악 들어요?", "최근에 재미있게 본 영화 있어요?", "좋아하는 운동 있어요?" 등 취향을 나누면 대화를 더 풍성하게 만들 수 있습니다.

어른의 말에는 무게가 있습니다 나이를 먹을수록 말은 줄어들고 그 한마디 한마디에 무게가 더해집니다. 나이 든 사람의 대화는 정답을 말하는 것이 아닙니다. 판단보다 이해를, 조언보다 응원을 담는 말이 더 바람직하다고 생각합니다. 그것이 나이 들어가는 사람이 지녀야 할 품격이라고 믿습니다.

말은 마음을 담는 그릇입니다. 그릇이 얇고 가벼우면 쉽게 깨지듯, 말도 가볍게 던지면 쉽게 상처를 남깁니다. 조심스럽게 건네는 말, 상대를 배려하며 꺼낸 말은 그 자체로 따뜻하고 단단한 울림을 줍니다.

기억에 남는 말이란 결국 내용의 깊이와 마음의 온도가 함께 느껴지는 말입니다. '무엇을 말할까'와 함께 '어떤 마음으로 말할까'를 늘 기억하려고 해요. 오늘 내가 나눈 이야기는 내 삶의 깊이를 보여주고 있었을까요?

대화의 주제, 이것만은 피하세요

자리에 없는 사람 이야기
다른 사람을 비방하거나
험담하는 대화는 더욱 주의하세요.
관계를 해치거나 신뢰를 잃을 수 있습니다.

성적 발언
본인은 가벼운 농담이라고 생각하지만
듣는 이는 불쾌할 수 있다는 걸 명심하세요.
특히 이성 간이나 여러 사람이 함께 있는
자리에서는 더 주의가 필요합니다.

정치 성향
의견이 강하게 갈릴 수 있는 민감한 주제입니다.
의견이 나뉜 채 대화를 이어가면
불편한 분위기가 형성되기 쉬워요.

종교
종교의 자유는 존중해야 하지만
종교를 강요하는 대화는 상대를 불편하게 만듭니다.
자신이 믿는 종교가 우월하다고 주장하거나
특정 종교를 비하하는 언행은 주의합니다.

소득이나 재정 상황
돈 이야기는 생각보다 민감한 주제이니
상대의 경제 상황은 묻지 않는 게 바람직합니다.
부를 과시하는 발언도 주의하세요.
무심코 한 말이 자랑처럼 들려서
상대를 위축시킬 수 있습니다.

낮고 부드럽게 말해요

제가 생각하는 우아함에는 몇 가지 기준이 있습니다. 바른 자세와 정돈된 옷차림, 급하지 않은 걸음걸이, 또렷한 눈빛과 따뜻한 미소. 그리고 조금 낮고 부드러운 목소리입니다.

어릴 적, 집 전화가 울려 어머니가 받으시면 아버지 친구 분들이 이렇게 말씀하셨어요. "잘 지냈니? 아버지 계시지?" 어머니가 아니고 저인 줄 아시는 거였죠. 어머니는 가늘고 높은 목소리를 가진 분이셨고, 제게도 자연스레 전해졌습니다.

맑고 명랑하다는 장점도 있었지만, 저는 조금 더 단정하고 안정감 있는 목소리를 동경했어요. 품격 있는 여성의 이미지를 떠올릴 때, 조용하고 차분한 중저음의 목소리가 떠올랐거든요.

저는 목소리도 조금 큰 편이었는데 매너 스쿨에서 강사님이 말했습니다.

"목소리 큰 사람은 무의식적으로 공간을 장악하고 주변을 긴장시킬 수 있습니다."

그 말이 제 마음에 오래 남았습니다. 목소리는 단순한 소리가 아니라 나를 대신해 먼저 전해지는 인상이니까요.

얼굴보다 목소리가 첫인상에 영향을 주는 경우도 꽤 있습니다. 전화 통화처럼 처음 대하는 사람의 이미지가 목소리에서 시작되기도 하니까요.

목소리는 그 사람의 성격, 감정 상태, 교양까지도 드러냅니다. 실제로 사람의 목소리는 감정을 담는 그릇이고, 말투는 배려의 온도를 보여주는 도구입니다. 아무리 좋은 말을 하더라도 거칠고 급한 말투, 큰소리로 전하면 따뜻하게 들리지 않죠. 반대로, 단순한 인사 한마디도 차분한 톤으로 건네면 그 자체로 상대를 안심시키고 신뢰를 줍니다.

저는 제 목소리에 대해 오랫동안 콤플렉스를 가졌습니다. 하지만 지금 생각해보면, 그 콤플렉스 덕분에 목소리에 더 신경 쓰려고 노력했어요. 웃는 표정과 함께 더 낮은 소리로 말하려 하고 단어 하나도 조심스럽게 고르며 애쓰다 보니 어느 날 주변에서 이렇게 말해주더군요.

"말투가 참 따뜻하고 단정하세요."

그럴 때면 예전 제 목소리를 스스로 꺼려하던 시절이 떠올라 미소 짓게 됩니다. 물론, 목소리 톤 자체는 유전적인 요소가 큽니다. 하지만 말의 속도, 크기, 멈추는 타이밍, 발음의 명료함은 노력하면 충분히 바꿀 수 있는 부분이에요. 저 역시 아직 높은 목소리를 가지고 있지만 톤을 낮추고, 속도를 조절하고, 말하기 전에 한 박자 멈추는 습관을 통해 제가 할 수 있는 최소한의 매너를 실천하려고 합니다.

사람들은 종종 말을 잘하는 사람을 부러워합니다. 말솜씨가 좋고, 센스 있게 표현하고, 유창한 화법을 가진 사람들 말이에요. 하지만 저는 이렇게 생각해요. '말 잘하는 것'보다 더 중요한 건 '잘 말하는 것'.

말을 잘하는 건 기술이지만 잘 말하는 건 태도입니다. 같은 말을 하더라도 누군가는 상처를 남기고 누군가는 위로와 동력을 줍니다. 그 차이는 내용이 아니라 전달 방식에서 비롯되는 거예요.

저는 평소에도 그런 태도를 잊지 않으려 애씁니다. 회의 자리에서 누군가 실수했을 때 "이거 왜 이렇게 했어요?"라고 묻기보다는 "이 부분은 이렇게 해보면 더 좋을 것 같아요"라고 말합니다. 같은 뜻이지만 상대가 기분 상하지 않고 받아들일 수 있게 말하고 싶거든요.

가족에게도 마찬가지예요. 늦잠을 자거나 준비가 늦은 남편에게 "좀 빨리 좀 하지!" 대신 "내가 먼저 나가서 차 빼고 있을게"라고 말해요. 급한 마음은 같아도 표현 하나가 관계의 온도를 달라지게 하니까요.

친구가 다이어트를 포기했다고 속상해할 때도 "넌 작심삼일이잖아" 대신 "그래도 예전보다 정말 많이 노력했잖아. 이번엔 천천히 해보면 어때?"라고 말해요. 사실보다 따뜻한 말이 더 오래 남는다는 걸 저는 자주 느껴왔습니다.

말보다 먼저 들리는 것. 그건 바로 배려가 담긴 목소리입니다. 낮지만 따뜻하게, 부드럽지만 단단하게, 오늘도 저는 그렇게 말하려고 노력합니다.

3
관계의 매너

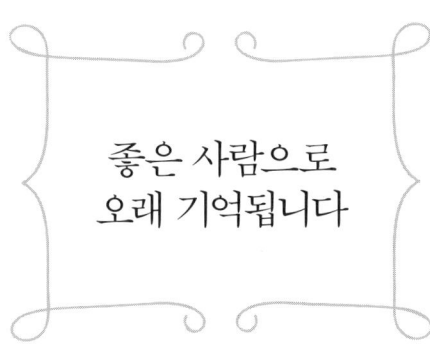

좋은 사람으로
오래 기억됩니다

가족의 재발견

저희 부부는 올해로 결혼 37년 차입니다. 그중 9년은 떨어져 살았어요. 신혼 초, 제가 3개월간 일본 연수를 다녀온 것을 시작으로 남편은 해외와 지방 근무를 이어갔고, 저도 미국과 유럽을 오가며 일과 배움을 쌓아야 했습니다. 뉴욕에서 일 년, 이탈리아에서 한 달 살기도 했고, 최근 몇 해는 겨울이면 따뜻한 나라로 여행을 떠나곤 해요. 남편도 산티아고 순례길이나 둘레길처럼 혼자 걷는 여행을 자주 갑니다.

사람들은 종종 묻습니다.

"부부면 같이 가는 거 아닌가요?"

하지만 우리는 늘 그런 선택을 하지는 않았어요. 가끔은 함께, 때로는 각자 부부로서의 동반자 관계를 유지하면서도 서로의 삶을 존중해주는 방식을 택했죠.

아들과 함께한 시간도 그리 길지 않아요. 올해 서른여섯인 아들과 실제로 함께 지낸 시간은 절반 정도에 불과합니다. 고등학교 때 미국으로 유학을 떠나 대학을 졸업했고, 군 복무까지 마쳤으니 떨어져 있던 시간이 꽤 됩니다. 하지만 그런 거리감이 오히려 우리 가족을 더 단단하게 해주었어요.

지금도 우리는 만나면 먼저 한잔 합니다. 음식은 아들과 함께 만들기도 하지만 때로는 배달 음식을 예쁜 그릇에 옮겨 담아 느긋하게 식탁을 차립니다. 그런 자리가 마련되면 자연스레 대화가 이어지죠.

잔소리는 하지 않아요. 훈계도 없습니다. 대신 서로가 좋아하는 이야기를 꺼냅니다. 영화, 음악, 스포츠, 그리고 각자의 생활… 그 속에서 우리는 자연스럽게 마음을 나눕니다. 어느새 속마음도 술잔을 타고 흘러나오고요. 이건 우리 가족만의 방식이에요.

제가 자라던 집은 달랐습니다. 저희 아버지는 매우 권위적인 분이셨어요. 집에서는 공부와 독서 외에는 허용되지 않았고, 음악을 듣거나 영화를 보는 것만으로도 불량하다는 낙인이 따라왔지요. 아버지의 기대는 컸고, 우리는 그 기대를 부담으로 느끼며 저마다 다른 길을 택했어요.

어릴 때 저는 그런 생각을 했습니다.

'내 아이에게는 절대 이런 방식으로 다가가지 않겠다.'

그래서 아들이 태어났을 때부터 저는 기다리는 부모가 되기로 했습니다. 다행히 남편은 원래부터 따뜻한 사람이었어요. 음악을 들려주고, 영화를 함께 보고, 스포츠 경기를 관람하며 자연스럽게 아들과의 대화를 이어갔지요. 아이를 친구처럼 존중해주는 그의 방식은 제가 연애할 때부터 좋아하는 모습이기도 했고요.

아들이 고등학교 1학년 때 유학을 준비하며 입학 인터뷰를 하기 위해 함께 미국에 간 일이 있었습니다. 세 군데 학교에서 인터뷰를 진행했는데, 한 학교에서는 에세이 주제로 '가장 존경하는 사람'을 물었어요. 아들은 망설임 없이 '아버지'라고 썼습니다. 아빠를 존경하고 아빠처럼 살고 싶다고요. 아들이 에세이를 쓰는 동안 부모 인터뷰 중, 입학 사정관이 우리에게 아들에 대해 어떻게 생각하느냐고 물었을 때, 남편은 웃으며 엄지를 들어 올렸어요.

"My son is the best."

그 한마디에 우리는 모두 웃었고, 결과적으로 세 학교

모두 입학 허가를 받아 원하는 곳을 선택할 수 있었지요.

저는 가족이 쉴 수 있는 공간을 만드는 데에도 늘 애써 왔습니다. 직업이 공간디자이너이기도 하지만, 가족이 머무는 집은 단순히 예쁜 공간 그 이상이어야 한다고 믿어요. 항상 꽃을 꽂아두고, 남편이 찍은 사진을 벽에 걸고, 물건 하나하나를 제자리에 두며 공간을 정돈하는 일은 일상이자 작은 사랑의 표현이었어요. 하지만 그보다 더 중요한 건 가족 각자가 마음 편히 쉬고 자신만의 시간을 가질 수 있도록 배려하는 것이었습니다.

아들은 내성적인 아이였어요. 수줍음도 많고 조심스러운 성격이지만 자라면서 자존감이 높아지고 가족에 대한 생각도 깊어서 부모인 우리 부부를 존중하고 있다는 것을 느낍니다. 제가 인스타 릴스 촬영에 빠져 있을 때면, 화면에 들어오지 않으려고 살짝 피하다가도 뒷모습 정도는 등장해주는 스윗한 모습도 보여주죠.

할머니 손에서 자라며 배운 솜씨라 그런지 요리를 꽤 잘하는 편인데, 고기를 굽는 건 언제나 본인의 일이라 생각하고 정성스레 굽고요. 우리는 또 한잔 하며 웃고 이야기를 나누며 즐거운 시간을 보냅니다. 이럴 때 음악이 빠질 수 없어요. 음악이 아니라면 스포츠 중계를 함께 즐깁니다.

그런데 주변 부모들로부터 이런 이야기를 자주 들어요.

"우리 아이와도 너희처럼 편하게 대화하고 싶은데, 아이가 말이 없어."

그러면서 아이가 집에 들어오면 대화 좀 하자고 부른다고 해요. 그런데 저는 그 말부터가 대화의 문을 닫는다고 생각해요. 아이 입장에서는 '지금부터 나한테 뭔가 말하려는 거구나, 혼나는 건 아닐까' 하고 경계부터 하게 되거든요. 대화는 말로 시작하는 게 아니라, 마음으로 다가가야 한다고 믿어요.

부모가 먼저 아이의 마음에 공감하고 이해해주어야 해요. 아이가 고민하고 방황하는 것은 부모 속을 썩이기 위해서가 아닙니다. 그 아이에게는 그 시절, 그 상황이 정말 힘든 거예요. 그런데도 "왜 그러니, 왜 속을 썩이니"라고 말해버리면 아이는 더 이상 자기 마음을 꺼내놓지 못하게 됩니다.

우리는 아이가 스스로 말하고 싶어질 때까지 기다렸습니다. 저는 아버지처럼 살고 싶지 않았고, 남편은 다정한 본인의 아버지를 본받아 부드러운 태도를 잃지 않았습니다. 그런 부모의 자세가 아이에게는 편안함이 되었고, 아이는 스스로를 개척해나가는 힘을 갖게 되었다고 생각합니다.

기다림은 결코 소극적인 태도가 아닙니다. 믿고 기다려주는 것, 그것이야말로 가족이라는 관계가 보여줄 수 있는 가장 깊은 배려라고 생각합니다. 아이를 기다려주는 시간은 부모가 주는 가장 조용하고 깊은 사랑입니다.

시어머니를 기억하고 추억하며

'시' 자 붙는 관계는 우리 사회에서 여전히 예민한 주제입니다. 시대는 바뀌었지만 시댁과의 관계는 많은 여성들에게 여전히 숙제처럼 남아 있거든요. 저 역시 예외는 아니었습니다. 친정만큼 따뜻한 마음으로 시댁을 대하진 못했지만, 시댁에 갈 때마다 '기왕이면 즐겁게 다녀오자'고 제 마음부터 다독이며 움직이곤 했습니다.

그렇다고 갈등이 없었던 건 아닙니다. 패션디자이너로 사회생활을 시작한 저는 옷에 대한 애정이 남달랐습니다. 어깨가 드러나는 옷, 짧은 치마나 바지는 제 취향이자 정체성이었죠. 하지만 시어머님은 저의 그런 옷차림이 불편하셨고, 남편은 "당신은 짧은 옷이 잘 어울려서 보기 좋은데, 엄마는 조금 불편해하시는 것 같아"라고 조심스럽게 말했습니다. 그

때부터 저는 어머님을 만날 때는 가지고 있는 옷 중에 가장 차분하고 단정한 옷을 골라 입으려고 했어요. 억지로가 아니라 좋은 관계를 유지하고 싶은 제 선택이었습니다.

하지만 저와 어머님은 차려 입는 것을 좋아하는 점에서는 닮아 있었습니다. 외식을 할 때도 친척들이 모이거나 행사가 있을 때도 잘 차려 입은 저를 자랑스러워하셨고 "내 며느리야"라고 소개하시며 으쓱해하시곤 했어요. 새로 산 진주 목걸이를 보여드리면 "참 잘 샀다, 잘 어울린다"며 웃어주셨고, 저도 점점 더 마음을 열며 어머님을 뵈러 가곤 했죠.

시댁 식사 자리에서는 이런 일도 있었습니다. 제대로 차려진 식사가 제 차례까지 오지 않거나, 생선 머리나 꼬리만 남아있는 접시가 제 앞에 놓이곤 했어요. 특별히 하대하려는 게 아니고 우리 시절엔 흔히 있는 모습이었습니다.

입이 짧은 저는 대충 먹고 말곤 했는데, 그걸 보신 어머님이 "왜 밥을 먹다 말아?" 하고 물으셨습니다. 그 질문에 저는 용기 내어 대답했죠. "생선은 살코기라야 먹을 수 있어요." 제가 입이 짧다는 것을 알게 된 어머님은 이후로 제 접시를 먼저 챙겨주셨습니다.

불편한 마음을 솔직히 전하면 관계는 달라질 수 있습니다. 말없이 참기만 하는 건 오히려 거리를 만들 뿐이죠. 하지만 이런 의사를 전달할 때는 웃는 얼굴이어야 합니다. 밝게 웃으며 기분 상하지 않게 살짝 얘기하는 게 포인트랍니다.

가족 모임을 우리 집에서 할 땐, 저는 늘 케이터링 서비스와 뒷정리 도우미를 미리 예약해두었습니다. 며느리라고 주방에서 종종거리며 희생하는 모습, 저는 원하지 않았습니다. 세월이 흘러 제가 나이가 더 들었을 때, 며느리든 조카며느리든 그들에게 주방 일을 넘기는 것도 싫었어요. 그녀 역시 누군가의 귀한 딸이니까요. 무엇보다 '여자는 손님을 맞이하며 부엌에 서 있어야 한다'는 이미지를 남기고 싶지 않았습니다.

처음엔 어머님과 시누이에게 이런 제가 낯설고 유난스러워 보였겠지만, 조카들과 조카며느리들은 "외숙모 최고!"를 외치며 함께 기뻐해주었죠. 시간이 흐르며 어머님도 시누이도 좋은 눈으로 봐주시게 되었고 가족들의 인식도 천천히 바뀌어갔습니다.

신혼 집에 처음 오셨을 때 핑크색이나 꽃무늬 하나 없는 모던하고 무채색 톤의 인테리어에 어머님은 잠시 당황하셨던 것 같아요. 하지만 그 집이 잡지에 실리고 인터뷰 기사로 소개되자 '우리 며느리 집'이라며 친구들에게 그 기사를 보여주며 자랑하셨습니다. 다른 취향을 존중하고 자랑스러워해주시는 어머님의 그 마음은 지금도 따뜻하게 기억에 남아 있습니다.

 음식 안 하기로 소문난 제가 시아버지 제사를 모시겠다고 선언했을 때 주변 사람 모두가 놀랐어요. 화목하고 사이좋게 지내는 우리 가족은 진심으로 반겼고요. 무리하지 않고 할 수 있는 만큼 정성껏 준비했어요. 시어머니는 저희 집에 한 번도 빈손으로 오지 않으셨죠. 큰며느리인 제게 고생 많았다며 늘 봉투를 놓고 가셨답니다.

 주신 돈을 허투루 쓰지 않고 그대로 모아두었더니 금액이 꽤 모였더라고요. 어느 날 한 전시회에서 아주 맘에 드는 그림을 만났어요. 시어머니께서 주시는 선물로 여기며 그동안 모은 봉투를 열었죠.

 웃는 얼굴을 한 꽃 모양에 알록달록한 컬러가 인상적인 그림인데요. 이 그림을 마주하는 사람들에게도 따뜻한 추억의 기운이 전해지기를 바라는 마음에 현관 맞은편에 그림을 걸어두었어요. 집에 오는 사람들마다 기분 좋아지는 그림이라며 칭찬한답니다. 이 그림을 볼 때마다 시어머니와의 추억이 생각나요.

시댁이 경제적으로 힘들었던 시절, 아이를 돌봐주신 시어머님 덕분에 저는 마음 놓고 일할 수 있었습니다. 어머님이 좋아하시는 고급 크림, 명품 가방 등 제 것을 뒤로 미루고 어머님 것을 먼저 챙길 때마다 어머님은 진심으로 고마워하셨고, 저는 그 눈빛에서 따뜻함을 느꼈습니다.

지금은 그 명품 가방이 어머님의 유품으로 제게 남아 있고, 그때의 제 선택을 단 한 번도 후회한 적 없습니다. 이렇게 서로 조금씩 이해하고 크고 작은 오해도 한발 물러나 바라보며 결국엔 가족이 되어갔습니다.

하지만 요즘 젊은 며느리들의 이야기를 들으면 마음이 아파집니다.

"퇴근하자마자 시어머니가 전화해서 남편 밥은 했냐고 물어보세요."

"아들 살 빠졌다고 며느리한테 잘 먹이랍니다."

"며느리를 딸처럼 여긴다면서, 딸에겐 하지 않을 말을 아무렇지 않게 하세요."

이런 이야기 속 시어머니들, 바로 우리 또래입니다. 어제는 며느리였던 우리가 오늘은 시어머니가 되어 예전에 받았던 유쾌하지 않은 기분을 그대로 다시 물려주고 있는 건 아닐까요?

우리는 알고 있습니다. 며느리라는 이름 아래 참고 또 참았던 시간들을, '딸처럼'이라는 말 뒤에 감춰진 거리감을. 그러니 이제 우리가 먼저 달라져야 합니다.

아들 부부가 도움을 청할 땐 기꺼이 손 내밀고, 간섭은 내려놓는 지혜를 가진 어른으로. 며느리의 삶을 내 기준으로 재단하지 않고 인정하고 존중할 줄 아는 시어머니로. 그래서 그것이 바로 아들이 평화롭고 행복하게 가족을 꾸려나가는 힘이 되도록. 이게 바로 우리가 겪었던 시대를 딛고 다음 세대에 전해줄 수 있는 가장 성숙한 배려이자 우아한 매너 아닐까요?

고부 갈등 없는 관계의 매너

솔직한 감정과 생각을 나누세요
어려운 일이 있거나 불편한 점이 있다면,
감정을 억누르지 말고 차분하게 이야기하세요.
참기만 하는 것보다 솔직히 말하는 것이
오히려 관계를 더 좋게 만듭니다.

서로의 방식을 인정하세요
며느리의 생활 방식이나 선택을 무조건 나무라거나
자신의 방법만을 강요하지 마세요.
서로 다른 취향이나 생활 습관을 이해하고
받아들이는 것이 평화로운 가족 관계의 비결입니다.

부담스러운 역할 분담은 지양하세요
가족 모임이 있거나 집안 일을 해야 할 때
며느리에게 부담을 주지 않도록 배려하세요.
주방 역할을 강요하지 않고
며느리도 누군가의 소중한 딸임을 기억하세요.

작은 선물과 따뜻한 말로 마음을 전하세요
시어머니께서 주신 작은 선물이나 격려의 말은
큰 힘이 됩니다. 부담스럽지 않은 선에서
서로에게 좋은 추억이 될 수도 있고요.
표현하지 않으면 알 수도 없고
좋은 관계를 유지하기도 힘들어집니다.

서로를 이해하는 마음을 가지세요
'시' 자만 들어도 싫은 사이는
마음 아프지 않나요?

서로를 이해하고 존중하는 관계를
만들어가는 것이 중요합니다.
도움을 청하는 가족에게는
기꺼이 손을 내밀고,
간섭은 내려놓는 지혜를 가지세요.

우리는 모두가 엄마의 딸이니까요

우리 세 남매는 늘 부모님을 아버지, 어머니라고 불렀어요. 그 시절에도 아버지는 아버지, 어머니는 엄마로 부르곤 했는데 좀 특이했죠. 저는 엄마와의 관계가 각별히 좋았답니다. 이제는 엄마라 쓰고 부르지만, 저는 늘 어머니라고 부르며 반말로 대화했어요.

"어머니, 이것 좀 봐봐."

"어머니, 두부조림 먹고 싶어."

이런 식이죠. 지금 생각해도 웃음이 날 정도로 독특한 대화 방식이네요. 귀엽다는 생각도 들고요.

처음 학교에 입학하고 엄마들이 학교에 오는 날이 다가왔어요. 설레는 마음이었죠.

"어머니, 학교 올 때 한복 입고 와."

다정한 엄마는 정말로 한복을 차려 입고 와주셨어요. 당시 저의 엄마 키가 165cm, 그 시절 치곤 정말 큰 키였어요. 장신의 엄마가 고운 한복을 입고 쪽머리를 올린 모습이라니. 자리에 앉아 뒤돌아보면 우리 엄마만 눈에 들어왔어요. 내 엄마여서가 아니라 정말 기품 있고 멋져 보였죠.

아마 그때부터였으리라 생각하게 되네요. 제가 품격 있는 모습에 반해 그런 삶을 좇기 시작한 게.

엄마는 외동딸인 저를 정말 귀하게 키워주셨어요. 오죽하면 제 별명이 '가난한 집 공주'였겠습니까! 어려서 집안 형편이 많이 어려웠는데, 피아노 배우고 싶다는 절 위해 그 어려운 상황에서도 피아노를 배우게 해주셨죠. 여자라서 덜 가르치는 게 흔한 시절이었잖아요. 엄마는 다르셨어요. 엄마는 늘 제게 "여자라서 못하는 일이 있어서는 안 된다. 결혼해도 쭉 직장 생활하며 경제 활동해야 한다"고 말씀하셨어요.

일주일에 일요일 하루 쉬던 시절, 주말이면 엄마는 저와 아들을 기다리셨어요. 시어머니가 주중에 아들을 봐주시고 주말이면 짐을 싸 친정엄마에게 갔죠. 엄마는 언제나 두 팔

벌려 환영, 제 일 보라며 아들을 맡아주셨어요. 지금 생각해도 정말 감사한 배려이자 희생이었던 거죠.

그렇게 사랑하는 엄마가 67세 나이로 갑자기 돌아가셨을 때, 저는 참 힘든 시간을 보냈답니다. 엄마는 갑자기 쓰러져 병원에 계시다 눈도 한 번 못 뜨고 가셨죠. 그때 퇴근하면 집에 와 옷 갈아입고 엄마 계신 병원에서 밤새고 출근하는 일이 잦았어요. 남편이 병원으로 가는 길에 들으라며 오펜바흐의 〈자클린의 눈물〉을 차 오디오에 넣어주더라고요. 굵고 낮은 첼로 선율이 애절하게 느껴져 더욱 마음에 남더군요.

훗날 남편은 제가 엄마를 기억할 때 이 음악이 함께 떠오르면 좋을 것 같아 준비했다고 말해줬어요. 한동안 어디서든 이 음악이 흘러나오면 저는 주체할 수 없는 눈물을 흘렸답니다. 엄마가 그렇게 떠나시고 제 인생관이 변했습니다.

'지금을 즐겁게 살자.'
'다시는 돌아오지 않을 시간일 수 있다.'

흔히들 많이 하는 말이지만 저는 엄마의 갑작스러운 죽음을 통해 몸소 깨달은 거예요. 엄마가 제게 알려준 삶의 지혜라고 할까요? 그 뒤로 더 유쾌하게 인생을 즐기며 살게 되었다는 슬프지만은 않은 이야기인데요. 여전히 엄마 이야기에는 눈물이 나는 건, 어쩔 수 없나 봅니다.

평화롭게 삽니다

얼마 전 친구 아들의 결혼식에 다녀왔습니다. 신랑과 신부가 서로를 바라보며 "영원히 사랑하겠습니다, 서로 아끼겠습니다"라는 서약을 읽는 순간, 저도 모르게 마음이 뭉클해졌습니다. 하지만 그 아름다운 장면을 바라보며 현실을 먼저 살아본 사람으로서 조용히 안타까운 마음도 들었습니다.

결혼은 분명 사랑을 지켜주는 울타리가 되어주지만, 살다 보면 사랑만으로는 버티기 어려운 순간들이 찾아옵니다. 그럴 때는 '사랑' 대신 '평화'를 선택해야 할 때도 있습니다. 감정보다는 이성, 말보다는 행동이 더 중요해지는 순간들이 늘어나죠.

저 역시 젊은 시절엔 감정에 휘둘리기 일쑤였습니다. 사소한 말에도 서운해지고, 마음이 상하면 말끝이 달라지곤 했죠. 그런데 꽤 젊은 시절부터 결혼 생활은 싸우지 않기 위해 서로 조심하고 매일 조금씩 맞춰가는 연습이라는 것을 알고 실천하려고 애써왔습니다.

우리 부부는 신혼 때부터 거의 다투지 않았습니다. 각자 다른 부분을 있는 그대로 받아들이고 억지로 바꾸려 하지 않았기 때문입니다. 물론 그게 처음부터 쉬웠던 건 아니지만 맞춰가는 과정 속에서 다름을 품는 인내와 지혜가 필요하다는 걸 조금씩 배워온 거죠.

남편은 특히 평화를 중요하게 생각하는 사람입니다. 쉽게 화를 내지 않고 감정을 소리로 터뜨리는 일이 거의 없습니다. 갈등이 생길 만한 순간에도 늘 말없이 넘기는 남편 앞에서 저도 화를 내지 못할 때가 많습니다. 내 감정이 끓어오를 때도 있지만, 그의 고요한 반응은 저를 돌아보게 만듭니다. 가끔은 마음이 답답하거나 속상할 때 말로 따지기보다는 짧은 메시지로 제 마음을 전합니다.

'오늘은 조금 서운했어.'
'이런 마음이 들어서 그냥 전하고 싶었어.'

그렇게 마음을 옮기고 나면 오히려 감정이 가라앉고 스스로도 차분해집니다. 그럴 때도 남편은 무조건이었습니다.

"미안해, 여보."
"내가 옹졸했어."
"나도 말하고 후회하고 있어."

화가 아닌 부드러운 표현, 일방적인 상처가 아닌 서로의 마음 공유하기. 그것이 우리 부부가 오랜 시간 평화를 지켜온 방식입니다.

남편은 늘 가족이 중심인 사람입니다. 자기보다 가족을 먼저 생각하고 가족 안에서 자신을 낮추는 걸 전혀 꺼려하지 않지요. 부부 사이에서도 그는 아내에게 자존심을 세우는 일이 무의미하다고 말합니다. 저는 이런 모습을 더 많은 남성분들이 배웠으면 좋겠다고 생각합니다.

솔직히 말하면, 여자들은 관계 안에서 반성하고 '내가 뭘 고쳐야 하나' 고민하는 일이 익숙합니다. 그런데 남성들은 그런 태도에 서툰 경우가 많은 것 같아요. 자기 감정을 표현하거나 고치려 하기보다 참고 넘기거나 무시해버리는 경우도 많죠. 그런데 진짜 강한 사람은 자기 감정을 감추기보다 감정을 품위 있게 다루고 평화를 위해 스스로를 다듬을 줄 아는 사람 아닐까요.

남편은 자존심을 지키기보다 평화를 선택하는 사람입니다. 그렇다고 착하기만 하거나 무력한 사람이 아닙니다. 오히려 조용히 자기가 원하는 방향으로 상황을 이끄는 사람이죠. 겉으로는 "그래, 알았어" 하며 양보하는 듯 보이지만 결국엔 그가 가장 현명한 방식으로 우리를 이끌고 있다는 걸 시간이 흐를수록 느끼게 됩니다.

이런 얘기를 하면 남편 자랑처럼 들릴 수도 있겠지만, 사실은 성숙함에 대한 이야기라고 생각합니다. 서로의 자존심을 앞세우지 않고 평화를 위해 내가 한발 물러서는 것. 그게 부부 사이에서 가장 고귀한 매너일지 모릅니다.

우리는 서로의 '절대 하지 말아야 할 것'은 지키고, 상대가 '진심으로 바라는 일'은 최선을 다해 해주려고 합니다. 남편은 결혼 전에 저에게 세 가지 부탁을 했습니다.

"우리 엄마와 사이좋게 지내줘."

"아무리 기분이 나빠도, 싸워도 집 밖으로 나가지 말자."

"아무리 화가 나도 이혼이라는 단어는 쓰지 말자."

우리는 그 약속을 37년간 잘 지키며 살아왔습니다. 문을 쾅 닫는다거나 말없이 나가 연락이 안 되는 일은 한 번도 없었습니다. 대신 각자 잠시 조용히 방에 들어가 혼자만의 시간을 갖곤 합니다. 서로에게 필요한 여백이 되는 거죠. 당연히 이혼이라는 말을 한 적도 없고요.

남편은 결혼 전 명확하게 원하는 조건이 세 가지나 있었지만, 저는 그런 게 딱히 없었습니다. 그저 그 부탁을 들어주는 선에서 저는 제가 원하는 방식대로 꽤 자유롭게 살아왔습니다. 지킬 건 지키되 내 삶의 중심은 나답게 유지하는 것. 그것이 제가 선택한 결혼 생활의 균형입니다.

물론, 그렇다고 서로가 100퍼센트 만족하며 사는 건 아닐 거예요. 저는 남편이 여전히 갖고 있는 고지식한 부분이 가끔은 불편하게 느껴져요. 남편도 저에 대해 마음에 안 드는 점이 분명 한두 가지쯤은 있겠지요.

모든 걸 다 맞추고 이해할 수는 없지만 그 하나쯤은 넘기고 사는 여유, 그게 오히려 결혼 생활을 오래도록 따뜻하게 만들어주는 요소인지도 모르겠습니다. 부부가 평화롭게 함께 살아가기 위해 꼭 필요한 건 거창한 로맨스가 아니라 서로를 향한 존중과 포용, 그리고 침묵 속의 지혜입니다.

결혼식장에서 사랑을 다짐하던 신랑 신부를 보며 저는 속으로 조용히 생각했습니다. 사랑만으로는 부족한 날들이 올 거야. 하지만 평화를 선택한다면 사랑은 사라지지 않고 더 깊어질 거야.

지금도 우리는 함께 많은 이야기를 나누고 때로는 말없이 마음을 읽으며 조용히 나란히 걷습니다. 그것이 사랑의 또 다른 이름이라는 걸 알고 있습니다. 좋은 부부는 서로를 바꾸려 애쓰지 않고, 서로의 다름을 받아들이는 연습을 오래도록 계속하는 사람들입니다.

아이는 부모를 보고 배웁니다

저는 아버지의 잔소리를 들으며 자랐습니다. "책 읽어라", "공부해라", "똑바로 앉아라". 하루에도 몇 번씩 저희 형제들에게 말씀하셨죠. 그 안엔 분명 사랑이 있었지만, 그 시절의 저는 그 말들이 버겁고 때로는 지겹게 느껴지기도 했습니다. 그래서인지 저는 부모가 되고 나서 '가르치려는 말'보다 '보여주는 삶'을 더 중요하게 여기게 되었습니다.

돌이켜보면, 제 아버지는 단지 잔소리만 하셨던 분은 아니었습니다. 한 번 시작한 일은 끝까지 해내는 분이셨고 그 꾸준함은 시간이 흘러 제 안에 그대로 자리 잡았습니다. 제가 사십 년 넘게 스트레칭을 해오고 있는 것도, 저만의 작은 루틴을 삶의 중심처럼 지켜내는 것도, 어쩌면 그런 아버지의 단단한 뒷모습에서 배운 게 아닐까 싶습니다.

그런데 반대로, 그때는 듣기 싫었던 말들도 이상하게 따라 하게 되는 경우가 있어요. 아버지는 유난히 절약을 강조하셨는데, 특히 종이나 티슈는 한 장도 허투루 쓰지 않으셨어요. 늘 "아껴 써라, 낭비하지 마라" 하셨는데 그 말들이 어릴 땐 참 듣기 싫었습니다. 그런데 어느 날, 종이와 티슈를 유난히 아껴 쓰고 있는 저를 발견했어요. 누가 시키지 않았는데 저절로 그렇게 하고 있었던 거예요. 아이들은 듣기 싫어하면서도, 결국 부모를 따라 배웁니다.

좋은 것도 부족한 것도 말보다 삶의 방식으로 전해진다는 걸 실감하며 살았습니다. 그래서 저는 아이를 키우며 가르치기보다 기다리는 부모가 되기로 했습니다.

저는 아이가 공부하길 바랐지만, "공부해라"라는 말은 거의 해본 적이 없습니다. 오히려 조용히 기다렸고, 스스로 책상에 앉을 때까지 잔소리하는 말보다 기회를 주는 시간을 가졌습니다. 묵묵히 기다려준 거죠. 그 결과 아이는 오히려 스스로 집중하고 공부는 자기 몫이라고 자연스럽게 받아들이게 되었습니다.

"나는 할 땐 정말 집중해서 해."

그 말 한마디에서 저는 믿음이 만들어낸 자율의 힘을 느꼈어요. 사실 우리는 아이들에게 참 많은 말을 하죠. 잔소리처럼 들리기 쉬운 말들입니다.

"운동 좀 해라."

"피아노는 꼭 배워야 해."

"수학 학원은 빼먹지 말고!"

"차분하게 행동해야 돼."

심지어 이런 사소한 부분까지도요.

"어깨 좀 펴라."

"머리가 그게 뭐야."

하지만 정작 그런 말을 하면서 우리는 어떤 모습을 보이고 있을까요? 아이는 부모의 거울입니다. 우리가 기대하는 모습이 아니라 우리가 살아가는 모습 그대로를 비추어내는 존재이지요. 아이에게 무엇을 시키는 대신 제가 먼저 삶을 단정히 살아내는 것, 그 자체가 가장 깊고 조용한 교육이 될 수 있다고 믿었습니다.

아이가 사춘기 시절에는 아이의 방문을 잘 닫아주었습니다. 갑자기 문을 열지 않았고, 외출 후 들어갈 때에도 미리 전화를 해 "엄마 지금 집에 가는 중이야"라고 말했죠. 엄마의 눈을 피해 딴짓하다 들켜 민망해지는 일이 없도록요. 그건 작지만, 아이를 향한 존중의 표현이었습니다. 엄마가 과일 들고 방문을 열고 들어가는 건 감시라는 걸 아이들은 잘 알고 있습니다.

아들이 미국 대학에 다니던 어느 날, 한 달간 연락이 안 됐을 땐 가슴이 철렁 내려앉았어요. 서로의 믿음이 있었기에 아이가 힘든 시기를 겪고 있다고 생각했습니다. 화학 전공이 성향에 맞지 않다는 걸 알게 되었고, 결국 스스로 자신이 진짜 하고 싶은 건 음악이라고 아들은 고백했죠. 사실, 음악이라니… 걱정이 안 됐다면 거짓말일 거예요.

하지만 저는 응원했고, 남편도 본인의 젊은 날을 떠올리며 적극 지지했죠. 그때, 같은 시기에 음악을 하겠다던 아들의 친구는 집에서 쫓겨났다고 해요. 그 이야기를 듣고 참 마음이 아팠습니다.

지금의 우리 아들, 대학 전공을 바꾸며 힘든 시기가 있었고 남들보다 늦게 취업했지만 아주 즐겁게 회사를 잘 다니고 있어요. 그걸 보며 생각했어요. 결국 말로 가르친 게 아니라 우리가 보여준 삶이 아들에게 가장 큰 영향을 준 게 아닐까 하고요.

그건 아이에게만 해당되는 이야기는 아닙니다. 저는 오랫동안 많은 사람들과 일했고, 여러 직원들과 많은 시간을 보냈습니다. 처음에는 서로 낯설던 사이였지만 한 해 두 해 시간이 쌓이면서 조금씩 제 말투, 제 일하는 방식, 제 시간 약속 습관이 직원들에게 번져가는 걸 보았습니다. 말보다 더 큰 영향력은 내가 어떻게 살아내는지를 보여주는 것에서 시작된다는 걸 다시금 느끼게 된 순간들이었지요.

우리는 늘 누군가에게 영향을 주고받으며 살아갑니다. 자식이든, 친구든, 동료든 가르치려는 말보다 함께 살아가는 태도가 그 사람의 마음에 훨씬 더 오래 남는다는 걸 지금은 확신합니다. 그래서 저는 오늘도 매일의 잔소리보다 말없이 전해지는 한 장면을 더 소중히 여기려 합니다.

말을 줄이고, 삶을 보여주는 것이 진짜 교육입니다. 당신의 하루가 누군가의 거울이 된다는 사실을 기억하세요.

가까울수록 거리를 두세요

'사랑이라는 이름으로 너무 가까이 가지 마세요.' 살다 보면 문득 이런 생각이 들 때가 있습니다. 진짜 가까운 관계일수록, 오히려 거리를 둬야 지킬 수 있는 것들이 있다는 걸요. 사랑이라는 이름으로 모든 걸 함께하고 싶을 때 사실은 한 걸음의 여백이야말로 관계를 단단하게 만드는 힘이 된다는 것을요.

딸과의 관계로 힘들어하던 친구가 있었습니다. 정성껏 도시락을 싸고 간식도 챙기며 하루에도 몇 번씩 말 걸 기회를 엿보았지만 딸은 매번 엄마를 외면했고, 말 한마디에도 문을 '쾅' 닫고 들어가 버리곤 했죠. 친구는 혹시 더 멀어질까 말조차 조심스러워했어요. 그 모습을 보며 저는 넌지시

말했습니다.

"가끔은 아무것도 하지 않는 게 더 큰 배려일 수 있어."

한 걸음 물러선 거리. 관계는 그 조용한 틈에서부터 다시 열리기 시작했습니다.

시부모님과 함께 살던 시절, 아들이 두 살 때부터 열 살 때까지 두 분이 육아를 전담해주셨어요. 이후 아들이 유학을 떠나기 전까지 7년간은 우리 세 식구가 함께 살았습니다. 그 시절 저는 일에 몰두하고 있었기에 다른 엄마들처럼 아이의 하루를 일일이 챙기진 못했어요. 그래서 마음 한 켠엔 늘 걱정이 있었습니다. 혹시 아이가 서운해하지 않을까, 내가 너무 무심한 건 아닐까 하고요.

그러던 어느 날, 저의 친구가 장난처럼 아들에게 물었습니다.

"엄마가 이것저것 다 챙겨주면서 잔소리하는 게 좋아? 아니면 너희 엄마처럼 하는 게 좋아?"

아들은 망설임 없이 말했어요.

"전 우리 엄마가 좋아요."

그 말을 들은 순간, 조용히 믿고 기다려온 시간들이 떠올랐습니다. 곁에 꼭 붙어서 모든 걸 챙기지 않아도 적당한 거리를 둔 그 시간들이 오히려 아이에게 자율성과 독립심을 길러주었다는 걸 알게 되었죠. 그 거리감 속엔 말보다 더 깊은 신뢰가 담겨 있었던 것 같습니다.

부부 관계도 마찬가지입니다. 저는 남편과 사이 좋게 지내왔지만 항상 모든 걸 함께해야 한다는 생각은 하지 않았어요. 혼자 또는 친구들과 여행을 다니는 일도 많았고 각자의 시간을 자연스럽게 존중하며 살아왔습니다. 주변에서는 종종 물었죠.

"남편 두고 혼자 다녀와도 괜찮아?"

"서로 너무 따로 노는 거 아니야?"

하지만 우리는 함께하지 않아도 불안하지 않았고 떨어져 있어도 관계는 흔들리지 않았습니다. 우리에게는 신뢰와 자유, 서로에 대한 깊은 이해가 있었으니까요.

실제로 연구에 따르면, 자기만의 시간을 존중받는 부부일수록 결혼 만족도와 지속 가능성이 더 높다고 합니다. 늘 함께 있는 것보다 각자의 리듬을 허용하는 관계가 더 건강하다는 거죠.

가족 안에서는 그렇게 '적당한 거리'를 지켜왔지만 저에겐 여전히 어려운 부분이 하나 있습니다. 바로 친구나 지인과의 관계에서 거리를 두는 일이에요.

저는 사람을 보면 좋아하기부터 시작합니다. 크게 잘못된 일이 없는 이상 단점도 감싸안고 그 사람의 좋은 면을 먼저 보려 애쓰죠. 지인 모두가 불편해하는 사람이 간혹 있지만 저는 그의 장점을 보고 관계를 유지하려 애썼습니다. 하지만 결국 저도 상처를 받고 말았죠. 그때마다 후회했습니다.

'조금만 거리를 뒀다면, 이 관계는 더 오래 건강하게 유지됐을지도 몰라.'

그런 일이 몇 번 반복되고 나서야 가까운 사이일수록 더 신중해야 한다는 걸 알게 되었습니다. 사람과 사람 사이에는 보이지 않는 선이 있습니다. 그 경계를 지켜주는 것이 곧 배려이고, 그 거리를 존중해야 성숙한 관계를 이어갈 수 있는 거죠.

좋은 관계란 서로의 울타리를 지켜주는 조용한 배려에서 시작됩니다. 꼭 붙어 있지 않아도 괜찮습니다. 진짜 가까운 사이라면 같은 공간에 있어도 말없이 각자의 시간을 누릴 수 있고, 오랜만에 연락해도 여전히 따뜻한 사이일 수 있어야 하니까요.

　가까운 사이일수록 너무 가까이 다가가려고만 하지 마세요. 서로를 더 잘 살필 수 있도록, 오히려 한 걸음 거리를 두는 것이 필요할지도 모릅니다.

달콤할수록 조심하세요

사람이 모이는 곳이면 빠지지 않고 나오는 말이 있습니다. 그곳에 없는 사람에 관한 이야기입니다. 그 자리에 없는 사람을 마치 우리가 더 잘 안다는 듯이 평가하고, 단점을 말하고, 달리 해석해 전하는 이야기들. 처음엔 '그냥 정보'라고 생각하기 쉽습니다.

"나쁜 뜻은 아니고, 그냥 그렇다더라."

"나도 들은 이야기니까, 믿거나 말거나."

하지만 그런 말은 결코 가볍지 않습니다.

돌아가신 프란치스코 교황님은 말씀하셨지요. 험담만 하지 않아도 성인이라고요. 험담은 듣는 이를 시험하고, 말하는 이의 품격을 드러내며, 무엇보다 관계 속 신뢰를 서서히 무너뜨리는 독입니다.

험담을 자주 하는 사람은 대부분 자신이 그 자리를 통제하고 싶어하는 욕망을 갖고 있습니다. 남의 단점을 먼저 말함으로써 우위를 점하고, 자신은 객관적이고 공정한 사람인 양 포장하지요. 하지만 타인에 대한 험담은 언제나 의도보다 커지고, 언젠가는 그 사람이 아닌 나를 향해 돌아오는 칼날이 됩니다.

험담을 하는 사람보다 더 조심해야 할 사람은 그 말을 전하는 사람일지도 모릅니다. 서로 주고받은 이야기를 부풀려 전하기도 하니까요. 그리고 이런 말로 포장하곤 하죠.
"언니니까 위해서 말하는 거예요. 나도 망설였는데 언니가 알아야 할 것 같아서요."
'나를 생각해서 알려주는 거겠지' 싶어 마음이 기울다가도 시간이 지나면서 그 말은 나를 위한 말이 아니라는 것이 서서히 느껴집니다.
말은 전해지면서 자극적인 표현이 덧붙여집니다. 듣는 사람이 오해할 수밖에 없도록 말의 뉘앙스가 교묘하게 바뀌는 거죠. 나와 다른 사람 사이를 어색하게 만들고 그 사람과 멀어지게 하려는 나쁜 의도가 담기는 경우도 있습니다. 이런 식으로 말을 옮기는 사람은 단순한 메신저가 아니라 관계를 흔드는 사람입니다.

저에게도 그런 일이 있었습니다. 동료 한 명이 저와 친하게 지내면서 다른 사람의 말이라며 저에 대한 이야기를 전해 왔어요.

"00씨가 그러는데 언니가 뭘 자꾸 부탁해서 불편하다고 하더라고요."

그녀와 저는 서로 부탁하고 도와주는 관계였지 일방적으로 저만 부탁하는 관계가 아니었어요. 그 자리에 제가 없었으니 실제로 어떻게 말했는지 확인할 수도 없고, 무엇보다 그 말을 전한 동료의 의도가 점점 석연치 않게 느껴졌습니다. 처음엔 만나서 직접 묻고 싶었지만 그렇게 되면 누가 내게 전했는지를 밝혀야 하는 상황이 되고, 그조차 난처해지게 될 걸 생각하니 결국 조용히 넘길 수밖에 없었습니다.

시간이 흐를수록 그 동료가 저와 그녀 사이를 교묘하게 멀어지게 만드는 행동을 반복한다는 걸 깨달았어요. 자신은 중립적인 척하면서 말을 옮기고 감정을 조장하는 방식으로요.

그때 확실히 알았습니다. 험담을 시작한 사람도 문제지만 그 말을 전달하는 사람은 더 위험할 수 있다는 것을요. 이후 저는 관계에서 말보다 사람의 태도를 보기 시작했습니다. 다른 사람의 단점을 먼저 말하는지, 감정에 치우치며 사실 여부를 흐리지는 않는지, 누군가를 평가하는 말로 관계를 관리하려 하는지 유심히 관찰하게 되었지요.

그런 사람 앞에서는 제가 먼저 거리를 두고 내 이야기를 하지 않으며, 동조도 반응도 없이 조용히 선을 긋는 연습을 해왔습니다.

험담은 절대 '팩트 전달'이 아닙니다. 감정을 조장하는 도구가 되기 쉽습니다. 동조하지 마세요. 끄덕이기만 해도 '그 사람도 그렇게 말했어'가 됩니다. 사적인 감정은 공유하지 마세요. 당신의 말도 언젠가 옮겨질 수 있습니다.

조용히 선을 긋되, 불쾌하지 않게 "그 이야기는 난 잘 모르겠어" 이 한마디면 충분합니다.

말보다 태도로 보여주세요. 관계의 깊이는 언제나 말이 아니라 행동이 결정합니다.

매너란, 내가 없는 자리에서도 나를 지켜주는 태도입니다. 중심을 지키고, 감정에 휘둘리지 않으며, 말보다 사람을 먼저 보는 눈을 잃지 않는 것이 중요합니다.

성실함의 미덕

저는 언제나 주어진 상황을 피하지 않고 받아들이려 했습니다. 특별히 잘하는 게 없으니 더 성실해야 한다고 생각했고 어차피 해야 할 일이라면 최선을 다해 즐겁게 해내자고 마음을 다잡았어요. 돌아보면 그런 태도가 지금의 저를 만들어준 게 아닐까 싶습니다.

고등학교를 졸업한 뒤, 저는 가정 형편상 선택의 여지도 없이 2년제 전문대학에 진학해야 했습니다. 그 시절 전문대는 흔히 '공부를 못하거나 형편이 어려운 사람들이 가는 곳'이라는 시선을 받곤 했습니다. 많은 친구들이 그 현실을 부끄러워했고 학교에 애정을 갖지 못했어요.

하지만 저는 달랐습니다. '이왕 내가 여기 왔으니 여기에서라도 열심히 해야지'라는 마음 하나로 좋은 성적을 유지했고 학생장으로 활동도 했습니다. 그 덕분에 졸업 즈음에는 교수님의 추천으로 대기업 입사 시험의 기회를 얻게 되었습니다.

제일모직에 입사한 신입사원 시절에는 출근길마다 가슴이 두근거렸습니다. 강남 한복판 반듯한 건물에 내 책상이 있었고 생각지도 못한 디자이너라는 직업을 갖게 되었으니까요.

누구나 그렇듯이 신입사원 시절엔 보조 업무, 샘플 정리, 매장 지원, 피팅 모델 등 멋지게만 생각하는 디자이너 업무를 맡지는 못했습니다. 같이 입사한 동기들은 불만이 많았습니다.

"이러려고 대학 나왔나?"

"도대체 언제까지?"

그런 말을 들을 때마다 저는 오히려 스스로에게 다짐하곤 했습니다.

'이 모든 과정이 언젠가 내가 디자이너로 성장하기 위한 밑거름이 될 거야.'

그래서 저는 주어진 일을 가리지 않았고, 항상 그 누구보다 먼저 움직였습니다. 작은 일에도 정성을 다했고 통근 버스 안에서는 일본어 공부를 시작했어요. 당시는 일본어가 중요한 시절이었습니다. 우리 회사는 일본 회사와 전략적 제휴를 맺고 있었고 일본 연수 프로그램도 있었거든요. 하지만 일본 연수 기회는 남자 직원에게만 주어졌고 여자들에게 그 기회는 없었습니다.

"여자들은 곧 그만두잖아."

그 말은 오래 기억에 남았습니다. 그러나 저는 포기하지 않았습니다.

"여자도 아이 낳고 일할 수 있어요."

그 말을 행동으로 보여주기 위해 일본어 자격증을 따고 준비를 멈추지 않았어요.

결국, 저는 제일모직 최초로 결혼한 여자 디자이너로 일본 동경에 3개월 연수를 다녀온 사람이 되었습니다. 아이를 낳고도 회사로 복귀하여 오래도록 회사 생활을 이어갔지요. 그때 일본에서 쌓은 경험은 훗날 제가 라이프 스타일리스트이자 공간 디자이너로 살아가는 데에도 큰 자양분이 되었습니다.

이 이야기는 비단 저만의 경험은 아닙니다. 제가 아끼는 한 후배도 그런 성실함으로 스스로의 길을 개척해낸 사람입니다. 그녀는 처음엔 작은 가구 회사의 경리 직원으로 입사했어요. 숫자와 서류를 다루는 일이 전부였지만 맡은 일에 언제나 정직하고 꼼꼼하게 임했죠. 업무 외에도 회의 준비, 사무실 정리를 도맡아 하는 성실한 태도는 어느새 사람들과의 관계 속에 신뢰로 자리 잡게 되었습니다.

그런데 어느 날, 그녀가 점심시간마다 혼자 조용히 그리던 가구 스케치를 대표님이 우연히 보게 되었습니다.

"이거, 네가 그린 거야?"

그 말 한마디가 그녀의 인생을 바꾸기 시작했죠. 대표님은 그녀의 감각을 높이 평가했고, 그녀는 퇴근 후 디자인 공부를 병행하며 조금씩 회사 안에서 역할을 넓혀갔습니다. 결국 그녀는 회사의 디자이너로 전환되었고, 지금은 가구 디자인 회사를 운영하는 대표가 되었습니다. 경리 직원으로 시작한 그녀는 성실한 태도로 자신의 미래를 만들었던 겁니다.

사람들은 종종 이렇게 말합니다.

"넌 참 운이 좋다."

"사람들이 널 왜 그렇게 잘 도와주는 거야?"

"넌 왜 그렇게 일이 잘 풀려?"

그럴 때마다 저는 조용히 웃습니다. 그건 운이 아니라 제 자리에서 묵묵히 해온 시간들, 그리고 사람들과 맺어온 관계의 결과라는 걸 저는 알고 있으니까요. 그리고 후배의 이야기도 그 진심이 얼마나 멀리 가는지 증명해주고 있습니다.

사람과 사람 사이는 결국 태도로 이어지는 관계입니다. 성실함은 단지 시간을 잘 지키는 습관이 아니라, 상대를 존중하고 자신의 역할을 다하는 조용한 매너입니다. 사람들은 그런 태도를 기억합니다. 고맙다고 말하지 않아도, 따로 보상하지 않아도, 진심은 관계 속에 서서히 스며들고, 결국 누군가의 마음을 움직이게 됩니다.

사회생활이란 그런 것입니다. 일은 혼자 할 수 있어도 기회는 사람과의 관계 안에서 옵니다. 불평 대신 책임을, 무심한 말투 대신 따뜻한 시선을, 조급함보다 성실한 완성을 선택했던 시간들이 결국 자신을 기회가 머무는 사람으로 만들어주는 거예요.

그러니 운이라는 말 앞에서 너무 쉽게 주저앉지 않았으면 해요. 준비된 마음에는 반드시 빛이 찾아옵니다. 그리고 그 빛은 생각보다 더 따뜻하고 오래도록 우리를 비춰줄 거예요. 운은 갑자기 찾아오는 게 아니라 성실하게 일하며 기다리는 사람을 향해 조용히 걸어온답니다.

함께해서 오늘도 즐거웠어요

저는 인간관계에 대해 종종 생각해보곤 합니다. 그런데 이 정도 나이가 되니 눈치 없는 사람은 되면 안 되겠더라고요. 자기는 인식하지 못하는 사이 주위를 불편하게 만드는 사람이 꼭 있더라니까요! 게다가 그런 사람은 정말 어디에나 있고, 나머지 사람들이 참아주고 있는 경우가 대부분입니다.

운동 모임에서도 그런 장면들을 자주 마주합니다. 저는 젊어서부터 여러 스포츠를 늘 즐겨 해왔고, 지금도 새로운 운동을 시작하는 데 꽤 적극적인 편이에요. 최근에는 피클볼에 빠져 있기도 하고요. 사회생활을 어느 정도 마무리하고 건강과 여가를 목적으로 운동을 함께하는 사람들과 새로운 커뮤니티가 생겨나기도 합니다.

나이 들어 시작한 운동은 꾸준함이 제일 중요한 것 같

아요. 사람들이 모여 함께하기 때문에 몇 가지 지켜야 할 기본적인 태도는 있어요.

취미로 하는 운동이지만 이기고 지는 것에 담대하기는 쉽지 않아요. 수영이나 러닝 같은 운동이 아니라면 대개는 단식이든 복식이든 팀이든 경쟁을 해야 하므로 별 것 아닌 상황에도 예민하게 반응할 수 있어요. 하지만, 경기의 규칙과 모임의 규정을 지키기 위해서는 어른답게 함께 노력해야 합니다.

어떤 이는 게임 중 누군가 실수하면 지적을 하곤 합니다. 한두 번은 '괜찮다'며 넘길 수 있지만, 반복되면 모두가 위축되고 조심스러워지죠. 정작 본인은 아무렇지 않은 표정이지만, 그 자리에 있는 나머지 사람들은 하나둘 마음의 거리를 두게 됩니다. 남의 실수를 지적하기보다 웃으며 넘겨줄 줄 아는 태도가 사람 사이를 부드럽게 만들어주는 법인데 말이죠.

물론 저도 초보 시절이 있었고, 지금도 중간 정도 실력에 머물러 있습니다. 그래서 더 잘 알죠. 누군가 나와 기꺼이 함께 쳐주는 것이 얼마나 고마운 일인지. 실수했을 때 웃으며 괜찮다고 해주는 사람이 얼마나 따뜻하게 느껴지는지요.

지금도 저는 기회가 되면 초급자들과 함께 운동하며 격려해주고 실력자들과 함께할 땐 감사한 마음으로 최선을 다합니다.

게임이 끝나면 늘 이렇게 말해요. "같이 해주셔서 정말 고마워요." 그 말 한마디에 마음이 열리고, 다음에도 함께하고 싶은 사람이 되는 것 같아요. 그리고 이런 마음이 통하는 멤버들이 있어서 운동이 더 즐거워져요. 좋은 관계는 실력 못지않게 상대방을 대하는 태도에서 시작된다는 걸 자주 느낍니다.

요즘은 헬스장, 수영장, 사우나 같은 공용시설을 자주 이용하면서 또 다른 형태의 배려를 떠올리게 됩니다. 샤워실에서 수건을 여러 장 쓰고 바닥에 던져두고 가는 사람, 파우더룸에서 드라이어를 쓰면서 아무 말 없이 다른 사람의 물건을 치워버리는 사람, 물건을 소리 나게 들고 놓는 사람, 머리카락과 물기를 그대로 남겨두고 가는 사람들도 있지요. '이 정도야 괜찮겠지'라는 마음이 쌓이면, 그 공간은 결국 누구에게도 쾌적하지 않은 공간이 됩니다.

공공장소에서의 매너는 특별한 것도 어려운 것도 아닙니다. 내가 사용한 자리를 가볍게라도 정돈하고 나오는 것, 공용 도구를 쓸 땐 가볍게 눈빛이라도 주고받으며 조심스럽게 사용하는 것, 내 물건이 아니지만 필요 이상으로 과하게 사용하지 않는 것. 이러한 태도를 통해 그 사람의 평소 모습이 고스란히 드러납니다. 공간을 공유한다는 건 단지 함께 사용한다는 것을 넘어, 내가 머문 공간을 다음 사람에게 넘겨주는 시간까지를 포함합니다.

모임에 가보면 여러 유형의 사람들이 있습니다. 약속을 여러 개 겹쳐 잡아두고는 상황에 따라 더 유리한 쪽을 선택하는 사람을 보게 됩니다. 여기선 잠깐 들러 얼굴만 비추고, 저기선 조용히 사라지고, 자신에게 더 도움이 되는 사람이 있는 곳으로 자리를 옮기고, 그 외의 사람들은 자연스럽게 외면합니다.

그런 사람들은 사회적으로 성공할 수는 있을 겁니다. 돈을 벌고, 이름을 알릴 수도 있겠죠. 하지만 신뢰는 다릅니다. 그 자리에서 함께했던 사람들은 기억합니다. 어떤 약속은 누군가가 큰 용기를 내어 만든 자리일 수도 있어요. 어떤 모임은 누군가가 오래 기다려온 소중한 시간이었을 수도 있고요.

내가 있는 자리를 소중히 여기는 태도, 그 자리에 있는 사람에게 마음을 다하는 태도를 지녀야 합니다. 이런 태도가 깊고 오랜 관계를 만들어주니까요.

좋은 인간관계를 위한 10가지 원칙

1. '필요'에 의해서가 아닌 '진심'으로 대하겠습니다
   도움이 될 사람만 쫓지 않겠습니다.
   인연은 계산보다 마음에서 자랍니다.

2. 누구와 함께 있든 그 자리의 모든 사람을
   따뜻하게 바라보겠습니다
   특별한 사람만 챙기지 않고
   지금 함께 있는 사람을 소중히 여기겠습니다.

3. 감사한 마음을 표현하는 사람으로 남겠습니다
   "고마워요", "덕분이에요"
   그 말 한마디가 사람 사이의 온도를 바꿉니다.

4. 눈치 있는 사람이 되겠습니다
   나만 편해서는 안 됩니다. 내가 즐거운 만큼
   옆에 있는 사람도 편안해야 관계는 오래 갑니다.

5. 중심을 지킬 줄 아는 사람이 되겠습니다
   지나침과 치우침은 늘 관계를 흐립니다.
   한걸음 뒤로 물러설 줄 아는 지혜를 기르겠습니다.

6. **실수 앞에 눈을 감고 마음으로 한 걸음 다가가겠습니다**
   누구나 실수할 수 있기에
   비난보다 위로로 함께하겠습니다.

7. **배려는 행동으로 먼저 전하겠습니다**
   양보하는 마음, 따뜻한 말 한마디,
   그 작은 실천이 진심을 보여줍니다.

8. **약속을 가볍게 여기지 않겠습니다**
   시간을 소중히 여긴다는 건
   그 사람을 소중히 여긴다는 뜻입니다.

9. **잠시 머무는 만남보다 서로의 마음이
   오가는 시간을 소중히 여기겠습니다**
   스쳐가는 시간보다
   마음이 닿는 기억은 오래 남습니다.

10. **다시 만나고 싶은 사람이 되겠습니다**
    가볍지 않게, 부담스럽지 않게
    오래도록 기억되는 따뜻한 사람으로 남고 싶습니다.

잊을 수 없는 배려의 순간들

해외 출장을 자주 다녔던 시절이 있었어요. 대표님과 클라이언트들, 동료와 후배들을 비롯해 그동안 함께한 사람들도 무척 많았어요. 그중에서도 회장님 부부와 함께 떠났던 유럽 출장은 유난히 기억에 오래 남는 특별한 여정이었습니다. 조금은 긴장되기도 했지만, 저는 그 시간 동안 돈으로도 살 수 없는 깊은 배려를 많이 받았습니다.

출발부터 남달랐어요. 우리는 늘 그렇듯 이코노미석을 탈 거라 생각했지만, 회장님께서 당신이 이용하는 비즈니스석으로 우리 좌석을 업그레이드해주신 거예요. 그렇게 제 인생 첫 라운지 경험이 시작되었죠. 라운지에서는 회장님이 짙은 색의 술 한잔을 권하셨어요. 앙증맞은 작은 와인잔에 담긴 그 술은 "스페인에서 식전주로 많이 마신다"며 설명을 덧붙이셨죠. 이름은 '쉐리'.

　처음 맛보는 향, 처음 듣는 이름. 회장님이 제게 건넨 그 한잔은 단순한 술이 아니라 낯선 세계로 건너가는 입구 같았습니다. 저는 조용히 메모장을 꺼내 그 이름을 적었어요. 모든 감각이 열려 있던 순간, 하나의 단어도 그냥 흘려보내고 싶지 않았습니다.

　매 식사 시간도 특별했습니다. 평소보다 한층 고급스러운 호텔, 격식을 갖춘 레스토랑. 회장님은 "이런 것도 경험해봐야지" 하시며 좋은 와인을 직접 골라 권하셨습니다.

　그중 하나의 와인 이름엔 '생 줄리앙'이라는 단어가 들어 있었죠. 그때는 그 이름이 예뻐서, 그 순간이 좋아서 메모장에 적었는데 나중에야 부드럽고 우아한 프랑스 보르도 와인의 정석이라는 걸 알게 되었어요. 그 모든 순간이 저에겐 배움이었어요.

　테이블 매너, 와인 매너, 공간에 어울리는 태도까지 그 출장의 경험은 훗날 제가 매너 스쿨 과정을 이수할 때도 자연스럽게 떠오르곤 했죠. 그 자리에서 조용히 메모장을 꺼내 적던 저는 새로운 문화에 늘 마음이 열려 있었고 몰랐기에 더 알고 싶었어요. 그 시간을 즐기고 배움으로 받아들이고 내 것으로 만들고 싶었습니다.

그때가 삼십 대 초반이었으니 벌써 삼십 년이 훌쩍 지났네요. 하지만 그 순간 받아 적은 단어들과 마음 깊이 새겨졌던 따뜻한 장면들은 지금도 여전히 생생합니다. 저는 주어진 경험을 그냥 스쳐 보내지 않으려 노력했어요. 그렇게 인생이 건넨 기회들을 나만의 이야기로 차곡차곡 쌓아 올릴 수 있었습니다.

귀국 전날, 밀라노의 패션 거리를 걷던 중 사모님께서 조용히 흰 봉투를 내밀며 말씀하셨어요.

"아들 옷 하나 사세요."

두 돌 된 아이를 시부모님께 맡기고 출장을 왔다는 제 말을 기억하신 거였죠. 그 마음이 너무나 따뜻하고 고마웠습니다.

회사의 직원을 이토록 살뜰히 챙기실 수 있다는 건 배려가 몸에 밴 분이시기에 가능한 일이었겠죠. 그날의 그 마음은 지금도 누군가에게 무언가를 베풀고 싶을 때, 자연스레 떠오릅니다.

세월이 흘러 다른 회사로 옮겨 디자인 총괄로 일할 때였어요. 한 프로젝트를 마무리한 후 잔금을 받지 못하는 일이 생겼습니다. 처음엔 "실장님, 실장님" 하며 깍듯하게 굴던 사람이 일이 끝날 무렵엔 사소한 불만을 만들어 잔금 지불을 거부했죠.

용기를 내어 사무실에 찾아갔지만 문 앞에서 험상궂은 사람들에게 가로막히는 경험까지 하게 되었습니다. 저는 어쩔 수 없이 회장님께 조심스럽게 보고를 드렸습니다. 그때 회장님은 조용히 말씀하셨어요.

"받으려고 애쓰지 마세요. 인생 공부했다고 생각합시다."

그 짧은 한마디, 그것으로 끝이었습니다. 추궁도 실망도 이후의 언급도 전혀 없으셨죠.

저는 죄송한 마음과 함께 깊은 배움을 얻었습니다. 그리고 그 일은 후에 제가 조직을 이끌면서 어떤 태도를 가져야 할지를 새기게 해주었습니다. 최선을 다한 사람이라면 실수하더라도 그 결과만으로 판단하지 않으려 애썼어요. 그건 제가 받은 선한 영향력이 저를 통해 또 한 번 전달된 거라고 믿기 때문입니다.

배려는 특별한 순간에만 피어나는 게 아니더군요. 일상

에서도, 사소한 자리에서도, 우리는 서로의 마음을 확인할 수 있어요.

어느 날, 친구들과 함께 다섯 명이 여행을 떠났습니다. 즐거운 시간을 기대하며 모두 한 차에 타기로 했는데, 다들 알다시피 뒷자리 가운데는 가장 불편한 자리잖아요. 우리는 차에 탈 때마다 서로 이렇게 말하고 있었어요.

"제가 동생이니까 가운데 앉을게요."
"제가 체구가 작으니까 가운데 앉을게요."
"저는 남자니까 불편해도 괜찮아요."
"언니는 편한 자리에 앉으셔야죠."

누가 시킨 것도 아닌데 누구나 먼저 그 자리를 기꺼이 선택했어요. 왕복 6시간 동안 저는 몇 번이고 가운데 자리에 앉겠다고 했지만 동생들이 고집을 부렸죠. 결국 저는 잠깐밖에 앉지 못했습니다. 그 마음들이 참 예쁘고 따뜻했어요. 서로를 향한 작은 배려들이 여행을 훨씬 더 즐겁고 평화롭게 만들어주었죠.

살면서 받은 배려의 순간들은 제 마음의 결을 조용히 부드럽게 다듬어주었습니다. 말보다 먼저 다가와 마음을 따뜻하게 감싸는 것, 그게 배려인 것 같아요. 진짜 배려는 말없이 먼저 움직이는 마음에서 시작됩니다. 그렇게 나눈 작은 마음이 관계를 지키고 키워줍니다.

4

품격의 매너

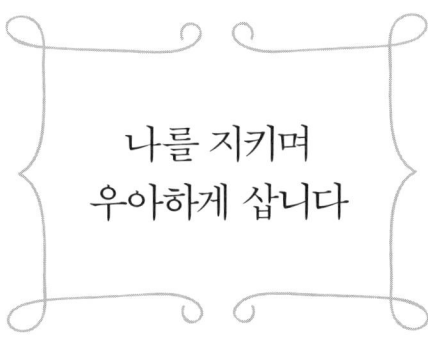

나를 지키며
우아하게 삽니다

자유로운 인생

사람들은 제 선택을 두고 용기 있다고 말하곤 합니다. 하지만 저는 그저 제 삶을 성실하게 살아왔을 뿐이에요. 그 성실함 안에는 누군가에게 상처 주지 않으려는 생각, 내 선택을 이해받기 위한 설명, 그리고 지켜야 할 사람들과의 신뢰가 담겨 있었지요. 그게 바로 제가 지켜온 매너였습니다.

"신혼인데 혼자 일본 연수를 갔다고요?"
"아기를 두고 한 달 동안 꽃을 배우러 갔다고요?"
"혼자 뉴욕에서 일 년을 지냈다고요?"
그럴 때면 저는 조용히 미소 지으며 대답합니다.
"해야 할 일은 해냈고, 지킬 건 지켜왔어요."
결혼 6개월 만에 일본 연수를 떠났을 때, 많은 이들이 고개를 갸웃했지요. 신혼인데 혼자 가도 되냐고요. 시어머님도 처음엔 놀라셨고요. 하지만 저는 떠났고, 남편은 저의 결정을 지지해주었습니다.

아이가 생긴 후에도 저는 회사를 다니며 야근이며 해외 출장을 이어갔고, 그 시간 동안 시어머님은 손자를 기꺼이 맡아주셨습니다. 저는 감사한 마음으로 경제적인 어려움에 처한 시댁에 도움을 드렸고, 그 모든 일상은 가족 서로 간의 이해와 배려, 신뢰와 책임으로 이루어진 조화였습니다.

저는 늘 배우고 싶었어요. 런던, 파리, 뉴욕, LA… 배움의 기회가 있을 때마다 저는 떠났습니다. 물론 떠나기 전엔 늘 가족과 충분히 대화했고 신뢰를 쌓고 책임을 다한 뒤였기에 가능했던 일이었지요. 남편은 그런 저를 응원했고, 저 역시 그가 좋아하는 일과 취미생활에 집중할 수 있도록 응원했습니다. 우리는 각자의 자리에서 서로를 지지하며 함께 성장해왔습니다.

47세, 26년간의 직장생활을 내려놓고 뉴욕으로 향했습니다. 그 무렵 아들은 LA에서 유학 중이었고, 저는 엄마로서도 아내로서도 아닌 오롯이 '나'로서 살아보고 싶었습니다.

디자이너로 일하며 늘 마음 한 켠에 남아 있던 유학에 대한 갈증도 그때에서야 비로소 마주할 수 있었어요. 젊은 시절에는 여건상 가지 못했던 그 길을 조금 늦긴 했지만 더 깊은 마음으로 걸어볼 수 있었지요.

    그곳에서의 일 년은 단순한 여행이 아니라 제 인생을 다시 시작하는 시간이었습니다. 스스로를 리셋하며 나를 더 깊이 들여다본 소중한 시간이었고, 그 시간 동안 출판사와 함께 기획한 책의 원고를 완성했습니다. 단순히 공간을 꾸미는 기술서가 아니라, 공간을 통해 삶을 바라보는 저의 시선과 철학을 담은 책이었지요.

    48세, 뉴욕에서 돌아온 후 여러 곳에서 디자인 프로젝트를 의뢰해오면서 자연스럽게 공간 디자인 사업을 시작하게 되었습니다. 뉴욕에서 경험한 멋진 공간과 다양한 문화는 제 감각과 태도, 사람을 대하는 방식에 큰 영향을 주었고 그건 고스란히 제 작업에도 스며들었지요.

    그 이후로도 많은 프로젝트를 맡으며 저는 디자인보다 더 중요한 건 사람에 대한 배려라는 걸 후배들에게 전해주고 싶었어요.

"예쁜 것보다 중요한 건, 사람이 편안함을 느끼는 공간이야."

"상대의 입장을 먼저 이해하면 일도 관계도 더 잘 풀려."

"여성으로 일하며 살아가려면 희생보다는 자기 중심의 태도가 중요해."

어느 후배가 말하더군요.

"선배는 디테일까지 다 알려주셔서 좋아요."

그 말에 저는 웃으며 답했어요.

"네가 나보다 더 잘되길 바라니까."

저는 자유롭게 살아왔습니다. 하지만 단 한 번도 제멋대로 살지는 않았어요. 가정을 소홀히 하지 않았고, 시부모님과는 따뜻한 관계를 지켜왔으며, 남편에게 기대지 않되 함께하며, 아들과의 관계도 신뢰로 이어졌습니다. 해야 할 일은 묵묵히 해냈고 스스로에게 떳떳한 삶을 살아왔습니다.

자유롭게 산다는 건 때로 오해를 부르지요. 하지만 진짜 자유는 이기심이 아니라 나의 선택으로 인해 누군가가 상처받지 않도록 더 많이 설명하고 더 많이 배려하는 마음입니다. 저는 제 삶을 지키기 위해 늘 깨어 있어야 했고, 흔들리지 않기 위해 제 안의 중심을 단단히 붙잡고 있었던 거예요.

그리고 이제, 저는 말할 수 있어요. 65세의 나이에도 여전히 저 자신을 스스로 지키며 자유롭고 단단하게, 나만의 길을 걷고 있다고요.

배우고 배워도 자꾸만 배우고 싶은 이유

이탈리아에서 한 달 머무르던 시간은 선물 같은 나날이었습니다. 와이너리에서의 여유로운 오후, 고궁의 산책, 마을마다 특색 있는 축제, 아름다운 바닷가에서 맞이한 아침, 풍성하고 정감 있는 마켓, 드레시한 원피스를 입고 가는 야외 오페라… 하루하루가 영화처럼 흘러갔지요.

그중 잊히지 않는 하루가 있어요. 지인의 초대로 이탈리아의 한 호텔에서 만찬에 참석하게 되었는데요. 그날은 격식 있는 자리였던 만큼 조금은 긴장도 되더군요.

식전 빵이 먼저 나왔고 동행한 후배가 자연스럽게 올리브오일을 요청했습니다. 한국의 이탈리안 레스토랑에서는 흔히 있는 일이니까요. 하지만 그날은 분위기가 조금 달랐습니다. 그 자리에는 이탈리아인이 함께했고 저희를 초대해준 지인이 그러지 않았으면 하는 의사를 전했음에도 후배가 굳이 올리브오일뿐 아니라 발사믹까지 요청한 거죠. 아무렇지도 않게 빵을 찍어 먹는 그녀의 모습에 식탁의 온도가 잠시 낮아지는 걸 느낄 수 있었습니다.

후배는 그 전에도 몇 차례 격식에 맞지 않는 행동을 보여왔기에 그날의 요청이 지인에게 더 민감하게 다가온 것 같았어요. 저는 조용히 그 오일을 사용하지 않았습니다. 그 순간 제가 할 수 있는 배려는 아무것도 하지 않는 것이라는 생각이 들었거든요. 괜히 그 자리에서 후배에게 조언하듯 말한다면 식사 내내 어색함만 남을 수 있었으니까요.

그 일은 시간이 지나 잊혔지만, 한동안 마음속에 궁금증이 남아 있었습니다. 왜 그 상황에서 올리브오일 요청이 실례가 되었을까? 정확한 이유를 알고 싶었어요.

사실 이탈리아 본토에서는 식전 빵이라는 개념 자체가 없습니다. 식전 빵은 미국식 이탈리안 레스토랑에서 만들어진 문화이고, 이후 일부 관광지 식당에서 퍼진 것이지요. 이탈리아의 정통 정찬 자리에서 빵은 식전 음식이 아니라 식사의 일부, 또는 소스를 깔끔하게 마무리하는 용도로 여겨집니다.

특히 이탈리아에서 올리브오일은 우리가 생각하는 것처럼 어디서나 기본 제공되는 식전 소스가 아니라 요리의 핵심 재료로 사용됩니다. 맛의 밸런스는 쉐프가 계산해서 낸 것이기 때문에 따로 요청해 덧붙이는 것은 마치 요리를 수정하려는 것처럼 비춰질 수 있는 겁니다.

이와 비슷하게 소금이나 후추를 요청하거나 음식에 뿌리는 것도 격식 있는 자리에서는 조심해야 할 행동 중 하나입니다. 파인 다이닝에서는 쉐프가 모든 간을 완벽하게 조율해 요리를 내놓기 때문에 손님은 그대로 즐겨주는 것이 예의입니다. 물론 레스토랑에 따라 테이블에 소금과 후추를 비치해두기도 하지만, 그런 경우에도 요리를 한입 맛본 후 정말 필요할 때만 뿌리는 것이 바람직하지요.

이탈리아에서는 오히려 식사의 마지막에 그릇에 남은 소스를 빵으로 닦아 먹는 문화가 있는데요. 이를 '파레 라 스카르페타 fare la scarpetta'라고 부릅니다. '작은 신발로 닦는다'는 이 표현은 맛있는 소스를 한 방울도 남기지 않고 먹겠다는 이탈리아 특유의 유쾌한 식탁 문화를 잘 보여주는 말이랍니다. 이처럼 문화의 차이를 아는 것만으로도 같은 행동이 누군가에겐 무례가 되거나 누군가에겐 반가운 공감이 되기도 하더라고요.

정찬 자리의 매너도 물론 중요하지만 결국 더 중요한 건 서로를 불편하게 하지 않으려는 마음의 매너가 아닐까요? 후배는 아무리 먹고 싶었다 해도 오늘 하루 정도 그냥 먹자고 조금만 참았더라면 좋았을 테고요. 지인도 그 상황이 낯설고 익숙치 않은 것이라는 걸 이해하고 부드럽게 넘어갔다면 얼마나 좋았을까 싶었어요.

누군가가 실수했을 때, 그걸 지적하기보다 그저 살짝 웃으며 넘어가줄 수 있는 사람이 있지요. 한마디 아끼는 모습이 그날의 기억을 따뜻하게 바꿔주기도 합니다.

예전에 제가 한 모임에서 겪은 일도 떠오릅니다. 외국인 손님이 한국식 젓가락 사용이 서툴러 곤란해하던 자리였는데, 그 자리를 주최한 분이 조용히 직원에게 포크를 요청해 건네고 자신도 똑같이 포크를 들어 함께 식사를 이어가셨어요. 그 행동 하나로 분위기가 따뜻하게 바뀌는 걸 저는 분명히 느꼈습니다. 아무 말없이 상대를 배려하는 태도, 그 조용한 손짓이야말로 진짜 품격이라는 걸 그날 마음 깊이 배웠습니다.

　달걀프라이도 여러 가지 방법으로 먹을 수 있어요. 특히 노른자가 반숙인 써니사이드업을 먹을 땐 자르다 보면 자연스럽게 퍼지게 마련이에요. 그릇과 포크 여기저기에 노른자를 묻혀가며 식사하는 건 격식 있는 자리에서는 삼가야 할 행동이라고 하네요.

　저는 포크와 나이프를 이용해 노른자를 살짝 잘라 포크 위에 조심스럽게 올려 한입에 먹거나, 빵이나 감자를 이용해 가볍게 찍어 먹습니다. 접시를 어지럽히지 않도록 차분하게 정돈하며 먹는 태도가 단정하게 느껴지기 때문입니다.

　이처럼 일상의 작은 장면 속에서도, 배움을 이어가고 있어요. 저는 삼십 대 중반, 매너 스쿨에서 정식 강사 자격증을 이수하며 매너의 세계에 본격적으로 발을 들였습니다. 그 이후로도 꾸준히 배운 대로 실천하며 살아왔고요. 그런 저에게도 이렇게 또 새롭게 배우는 것들이 있다는 사실이 오히려 더 기쁘고 고마웠습니다. 배움이란 더 나은 내가 되고 싶은 마음에서 시작되니까요.

　그리고 그 길 위에 서 있을 수 있다는 것만으로도, 저는 조금 더 따뜻해진 사람이 된 것 같아요. 저는 오늘도, 그렇게 배우고 있습니다.

다시 뉴욕에서, 매너를 생각합니다

지난 3월, 오랜만에 다시 뉴욕을 찾았습니다. 매너에 관한 클래스를 알아보다가 마음이 끌리는 커리큘럼을 발견했고, 망설임 없이 티켓을 끊었죠. 강의를 듣는 김에 여행도 곁들인 저에게는 아주 뜻깊은 뉴욕행이었습니다.

사실 매너와의 인연은 꽤 오래전부터 시작되었어요. 저는 국내는 물론 세계 각국을 출장과 여행으로 다니며 매너의 중요성을 몸소 느끼며 살아왔습니다. 공간 디자이너로서 회사를 다니고 사업을 하며 다양한 사람들과의 관계 속에서 태도와 예의는 늘 중요한 부분이었죠.

그렇게 사십 년 넘는 사회생활을 이어오는 동안, 저는 매너를 따로 떼어놓고 생각하기보다는 생활 속에서 자연스럽게 실천하려 노력해왔습니다. 누가 보든 보지 않든 나만의 기준을 지키며 살아가는 것이 저의 방식이었어요.

그러다 인생의 큰 흐름을 마무리하고 은퇴한 뒤 인스타그램 릴스라는 새로운 세상에 발을 들이게 되었습니다. 처음엔 가볍게 일상을 기록하는 정도였지만 점차 진심을 담아 사람들과 소통하는 즐거움에 빠져들었지요. 가장 폭발적인 반응은 뜻밖에도 '시어머니와 시댁, 친정엄마, 그리고 남편 이야기'였습니다.

수백만 조회수를 기록한 영상들은 제가 여성으로서 일하고 살림하고 아이를 키우며 인생을 긍정적으로 살아낸 이야기를 담고 있었어요. 그 이야기 속에 시부모님이나 남편 이야기가 빠질 수 없었지만 부정적인 이야기를 담거나 흉보거나 억울함을 토로하는 이야기가 아니었습니다. 하지만 몇몇 댓글은 '시'자만 들어가도 부정적으로 받아들이는 현실을 보여주었죠.

그때 문득 이런 생각이 들었어요. '긍정적인 이야기조차 시댁 이야기라는 이유로 왜곡된다면 이건 내가 원하는 방식이 아니야.' 오랜 시간 사회에서 일해온 사람으로서 그런 자극적인 방식으로 계속 소통하는 건 제 모습과는 어딘가 어굿난다는 확신이 들었습니다.

그래서 조금씩 방향을 바꿔보기로 했습니다. '오랫동안 사람을 생각하며 아름답고 편안한 공간을 만들어왔으니 나의 집을 소개해보자. 수납의 여왕이라 불릴 만큼 정리에 자신 있으니 실용적인 수납 팁도 나눠보자. 몸치지만 꾸준히 운동하고 건강한 식단을 실천해온 경험도 공유해보자.' 그 이후로는 전만큼 반응이 폭발적이지는 않았어요.

"60대 언니도 하니까 용기 나요"

"나도 따라 해볼게요"

하지만 이런 따뜻한 댓글들 속에서 오히려 더 깊은 연결감을 느낄 수 있었습니다. 늦은 밤, 와인 잔을 앞에 두고 스트레칭 밴드를 들고 나와 동작을 보여주며 소통했던 그 시간들은 저에게도 큰 힘이 되었어요.

그리고 어느 순간 또 한 번 뜨거운 반응이 일어난 주제가 있었습니다. 바로 '매너'에 관한 이야기였죠. 뒤에 오는 사람을 위해 문을 잠시 잡아주는 일, 엘리베이터 앞에서 기다려주는 순간, 격식 있는 자리에서의 식사 예절, 호감을 주는 말투, 스스로 단정하게 보이려는 태도 같은 것들이 많은 사람들의 공감을 이끌어냈어요.

"이제라도 실천해볼게요."

"우리 딸에게도 꼭 알려주고 싶어요."

그런 반응들을 보며 저는 이 이야기를 더 깊이 나누고 싶어졌습니다. 그런데 관련 책이나 자료를 찾아보니 여전히 형식적이고 딱딱했어요. 이미 알고 있는 규범적인 이야기들일 뿐, 지금 이 시대의 일상 속에서 공감하며 실천할 수 있는 따뜻한 매너 이야기는 쉽게 찾아보기 힘들었습니다.

그러다 뉴욕에 있는 에티켓 스쿨에 대해 알게 되었고, 망설임 없이 다시 뉴욕으로 향했습니다. 전문가를 위한 과정이 아니라 보통의 뉴요커들을 대상으로 한 짧은 수업이었지만, 지금 시대에 꼭 필요한 실용적인 매너를 알려줘 매우 유익했어요.

이미 알고 있던 내용도 있었지만, 새롭게 배운 부분도 많았습니다. 그래서 다녀오길 정말 잘했다는 생각이 들었죠. 그리고 그 여행을 마치고 돌아온 뒤 하나의 소박하지만 오래 간직해온 꿈을 다시 꺼내보게 되었습니다. 누구나 부담 없이 다가올 수 있는 생활 속 매너를 우리나라 사람들에게도 알려보자.

매너라고 하면 흔히 격식을 갖추고 예의를 지키는 딱딱하고 불편한 개념부터 떠올리곤 하지만, 제가 말하고 싶은 매너는 그런 것이 아닙니다. 잠시 더 기다려주는 마음, 문을 먼저 열어주는 손길, 식탁에서 조용히 배어 나오는 태도, 다정다감한 말투 같은 것들. 이건 바로 사람에 대한 배려입니다.

말없이도 전해지는 따뜻한 태도와 말들이 우리의 아들딸, 다음 세대의 젊은이들에게도 그저 자연스럽게 이어지길 바랍니다. 매일의 일상 속에, 삶의 수많은 장면 하나하나에 자연스럽게 스며드는 매너를 실천하며 살아가기로 해요.

뉴욕의 바디랭귀지

EYE CONTACT 시선
시선의 방향은 위로, 정면으로, 아래로 다양하게 움직입니다.
눈맞춤은 상대를 한 번 바라보고, 살짝 시선을 피했다가
다시 마주치는 흐름이 자연스럽습니다.
너무 직접적이지 않으면서도 호감과 관심을 표현하는
방법이에요. 앉아 있을 때도, 일어설 때도, 걸어 나갈 때도
눈맞춤은 예의를 전하는 중요한 제스처입니다.

SMILE 미소
다이애나 왕세자비의
부드럽고 따뜻한 미소를 기억해보세요.
눈빛과 함께 가볍게 미소 지으면,
말보다 먼저 좋은 인상을 남깁니다.
미소와 유머는
'나를 배려하고 있구나'라는 느낌을 줍니다.
상대를 웃게 만드는 말 한마디,
따뜻한 표정 하나가 결국은
마음을 전하는 가장 자연스러운 방식입니다.

HAIR 머리카락

머리를 가볍게 뒤로 넘기고,
상대의 말에 귀 기울이며 고개를 살짝 기울여보세요.
'나는 당신 얘기를 듣고 있어요'라는 비언어적 신호입니다.
대화 중 머리를 정돈할 때는 자연스럽게. 다만 손가락에
머리카락을 감는 행동은 피하는 게 좋아요.

CHEST 상체

가슴을 살짝 펴고, 등을 곧게 세우며
깊게 숨을 들이마셔보세요.
자연스럽게 당당한 인상을 줍니다.
말하는 사람 쪽으로 몸을 살짝 틀어주세요.
상대에 대한 관심을 표현하는 신호예요.
단, 과하지 않게 '조금만' 다가가는 것이
매너입니다.

WRIST 손목

손목은 우아함을 드러냅니다.
팔을 휘두르거나 과장된 제스처보다,
손끝과 손목의 조용한 움직임이
오히려 더 깊은 인상을 남깁니다.

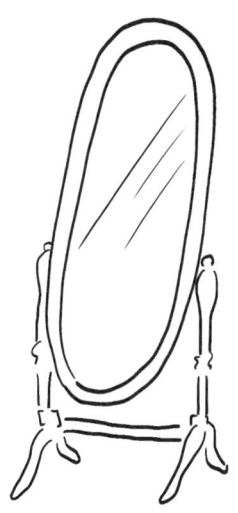

LIPS 입술
말보다 먼저 시선을 끄는 곳, 입술입니다.
입을 다문 표정보다 약간 열린 입술이
감정을 더 유연하게 전달합니다.

HANDSHAKE 악수
테이블을 사이에 두고는 악수를 나누지
않습니다. 자리에서 일어나
정면으로 마주 선 뒤 악수하는 것이
정중한 태도입니다. 앉은 채 손만 내미는
모습은 상대에게 무례하게 보일 수 있어요.
여성이 손을 내밀지 않는다면, 억지로
악수하려 하지 말고 가볍게 인사로 대신합니다.
때로는 악수보다 눈을 마주치며 고개를 숙이는
인사가 더 깊은 존중을 전할 수 있습니다.

TOUCHING 손길
자신의 몸을 만지는 동작은 조심스럽게 해야 합니다.
미국에서는 머리카락을 넘기거나
팔을 쓰다듬는 제스처가 친밀함이나
로맨틱한 뉘앙스로 읽히기도 해서,
공적인 자리에서는 피하는 것이 매너로 여겨집니다.

MOVEMENTS 움직임

움직임은 말보다 더 본능적인 표현이 될 수 있어요.
가볍게 체중을 이동시키거나, 앉거나 일어날 때
과장되거나 의도된 듯 보이지 않게,
자연스럽게 움직이는 것이 중요합니다.

MIRRORING 모방

미러링Mirroring이란 대화 중
상대방의 제스처나 자세, 말투 등을
은근히 따라 하는 행동을 말해요.
미국에서는 이 동작이 호감, 공감,
유대감을 표현하는 비언어적 신호로
자주 언급됩니다. 상대가 팔짱을 풀면
나도 따라 팔을 푸는 식으로,
무의식적으로 닮아가는 리듬은
관계를 부드럽게 만들어줍니다.

내가 소중하게 생각하는 가치

명품 가방 하나쯤 갖고 싶은 마음, 누구에게나 있지요. 오래도록 동경해온 브랜드, 한눈에 마음을 사로잡는 디자인. 하지만 어느 순간부터 저는 이런 질문을 스스로에게 던지게 되었습니다.

"내가 진짜 자주 쓰는 것은 뭘까?"

"내가 진심으로 좋아하는 건 무엇일까?"

그 물음 끝에 떠오른 것은 가방이 아닌 소파였습니다.

소파는 단지 가구 하나가 아닙니다. 일상의 무게를 내려놓는 공간이고, 지친 하루 끝에 나를 감싸주는 존재입니다. 가족들이 모여 도란도란 이야기를 나누는 곳이고, 손님이 왔을 때는 가장 편안한 자리에 모시고 싶은 곳이기도 하지요. 아이를 재우며 등을 토닥이던 밤, 조용히 눈물을 훔치던

새벽도, 모두 이 소파 위였을지 모릅니다.

그래서 저는 명품백 대신, 제가 좋아하는 브랜드의 소파를 선택했습니다. 가격을 들은 친구는 "그 돈이면 좋은 백 하나 사겠다"며 놀라더군요. 그렇지만 생각해보세요. 명품 가방은 몇 번이나 들고 나가게 될까요? 소파는 매일, 하루 중 가장 많은 시간을 함께하는 공간인데 말이에요.

어느 날, 선배 집에 간 적이 있습니다. 친하게 지낸 지가 꽤 되었던 그녀는 항상 머리부터 발끝까지 명품으로 차려 입은 모습이었는데 유난히 그 집에 들어가본 적이 없었습니다. 그때는 어떤 이유에서인지 집 안으로 들어가게 되었는데요. 거실 한가운데 있는 가죽 소파가 너덜너덜하게 찢어져 있었습니다. 처음엔 잘못 본 줄 알았어요. 그리고 집 안은 왠지 모르게 어두웠습니다.

아무리 명품을 사랑해도 하루에도 수 차례 앉고 눕는 그 자리엔 왜 마음을 쓰지 않았을까요? 그 공간에서 나누는 대화, 마시는 차, 기대어 앉는 순간들이야말로 진짜 내 삶의 얼굴이 아닐까요?

비싼 외식은 아낌없이 하면서 생화는 시든다고 아깝다

며 사지 않습니다. 수건이 낡아도 그냥 쓰고, 침구는 먼지가 나도 버텨가며 쓰는 경우도 많습니다. 정작 우리 몸에 가장 오래, 가까이 닿는 것들에는 왜 그렇게 인색한 걸까요?

　좋은 수건은 피부에 닿는 감촉부터 다릅니다. 저는 핸드타월, 페이스타월, 배스타월을 구분해 사용하고 손님용 핸드타월은 정갈하게 접어 케이스에 담아둡니다. 이렇게 정성껏 준비한 물건은 굳이 말하지 않아도 세심한 배려를 전할 수 있어요. '당신을 위해 내가 손수 준비했어요.' 그런 마음은 타월의 결 하나에도 스며드는 법입니다.

　누군가는 이불에 스며드는 햇살을 소중히 여기고 누군가는 계절이 바뀔 때마다 커튼을 갈아 끼우며 공간에 숨결을 불어넣습니다. 그렇게 우리는 나만의 방식으로 삶을 정돈하고 스스로와 가족을 대접하며 살아갑니다. 지금 우리는 취향과 선택이 곧 삶의 태도를 말해주는 시대를 살고 있습니다. 겉으로 보이는 화려함보다 매일 누리는 조용한 편안함이 더 소중하게 느껴질 때가 있지요.

　나이 들어 좋은 점 중 하나는 남들의 시선보다 나를 편안하게 해주는 것, 내가 존중받는다고 느끼는 것을 망설임 없이 선택할 수 있다는 점입니다. 그리고 그 선택은 스스로를 대하는 태도, 그리고 곁에 있는 사람을 향한 배려로 이어집니다.

진짜 매너는 말이나 겉모습이 아니라 이런 삶의 깊이에서 시작됩니다. 매일의 물건을 소중히 여기는 마음에 단정한 삶의 태도가 숨어 있습니다.

기분 좋은 오지랖

젊은 시절부터 디자이너로 살아오며, 많은 분들이 제 취향과 생활방식에 관심을 가져주셨어요. 제가 즐겨 하는 패션 아이템이나 갖고 있는 가구와 소품, 생활용품에 관한 정보뿐만 아니라 피부 관리, 운동 루틴, 심지어 병원이나 다이어트 방법까지 자연스럽게 물어오셨죠.

돌이켜보면, 저는 늘 좋은 건 함께 나누고 싶어 하는 사람이었어요. 소개비를 받거나 보상을 바란 적도 없었고, 의도적인 영향력을 행사하고 싶은 마음도 없었어요. 그저 혼자만 알고 있기엔 아까웠고 누군가에게 도움이 된다면 기꺼이 전하고 싶은 마음이 앞섰을 뿐입니다. 디자이너라는 직업 덕분에 다양한 제품과 브랜드를 경험할 수 있었고, 저는 언제나 좋은 것을 고르고 누리는 감각을 삶의 중심에 두고 살아왔습니다.

리빙 스타일리스트로 활동 영역이 넓어졌을 때도, 그 기준은 변함이 없었지요. 옷이든, 집이든, 물건이든 직접 입고 사용해보고 스스로 만족할 수 있어야 남에게도 자신 있게 권할 수 있었고, 그렇게 쌓인 안목은 어느덧 저의 정체성이 되어 있었습니다.

요즘은 스마트폰만 열어도 셀 수 없이 많은 광고와 정보가 쏟아지는 시대죠. 그럴수록 저는 더 신중해집니다. 디자인과 기능, 그리고 가격까지 모두 충족시키는 '진짜 좋은 것'을 찾아내는 일은 여전히 즐겁고 제 일상에서 중요한 부분이기도 합니다.

그런 성향은 오래전부터 이어져왔어요. 삼십 대 초반에 저는 무늬도 글씨도 없는 '완전히 새하얀 타월'을 쓰고 싶었어요.

당시에는 그런 타월이 시중에 없어서 공장에 직접 문의했는데, 세면타월은 100장, 배스타올은 30장을 주문해야 한다더라고요. 우리 집에서만 쓰기엔 너무 많았죠. 결국 친구 셋을 모아 각자 25장, 8장씩 나눠서 공동구매를 했습니다.

지금처럼 '공구'라는 말도 없던 시절이었지만 저는 이미 그런 오지랖을 부리고 있었던 셈이에요.

저는 지금도 기념 문구나 무늬가 새겨진 타월은 쓰지 않아요. 물건이 단정하고 조용할수록 오래도록 곁에 두고 더 아끼게 되니까요. 그건 단순한 취향이 아니라, 제 삶의 태도이기도 합니다.

작년 여름, 제가 자주 신던 슬리퍼 하나가 작은 화제가 되었습니다. SNS에 사진이 올라갈 때마다 '그거 어디서 샀어요?'라는 댓글이 달리곤 했습니다. 사실 만 원대의 저렴한 제품이었지만 디자인도 좋았고 종일 걸어도 괜찮을 만큼 편해서 만족도가 높았어요. 그런 실용성과 편안함은 가격과는 별개였죠.

이런 경험들이 쌓이면서 자연스럽게 공구 요청도 들어오게 되었고, 지금은 좋은 물건을 소개하는 일이 저의 또 다른 역할이 되었습니다. 저는 이 일을 '기분 좋은 오지랖'이라고 부릅니다. 단지 팔기 위한 목적이 아니라 진심으로 좋았던 걸 나누고 싶은 마음에서 시작된 일이니까요.

지난 가을, 전시회에서 만난 한 거위털 이불 브랜드의

사장님도 기억에 남습니다. 알러지가 있어 본인이 직접 쓸 수 있는 제품을 만들기 시작했다는 이야기부터 고급스러움을 지키면서 가격을 낮추기 위한 고집스러운 공정까지, 모든 것에 진심이 느껴졌어요.

이불 하나에 그렇게 많은 애정을 쏟는 모습에 감동해 저 역시 제품을 직접 구입해 사용해보았고, 써보자마자 이건 꼭 알려야겠다는 생각이 들었습니다. 실제로 소개해드린 분들 모두 만족해하셨고 저 또한 참 뿌듯했지요. 그럴 때마다 저는 작은 사명감을 느낍니다.

'좋은 것을 제대로 만드는 사람.'
'그 가치를 알아보는 사람.'
'그것을 필요한 누군가에게 조용히 건네는 사람.'
이 셋이 연결되는 순간, 그것은 단순한 소비가 아니라 하나의 따뜻한 순환이 되니까요.

가끔은 "또 뭘 파시나요?" 하는 날 선 시선도 느껴집니다. 하지만 저는 이 일을 계속하고 싶어요. 진심이 담긴 소개는 결코 가벼운 일이 아닙니다. 그 안에는 신뢰가 있고 책임이 따르니까요.

그런 의미에서 저는 먹거리에 대해서는 특히 신중합니다. 요리를 자주 하거나 잘하는 편도 아니고 젊은 시절부터 다이어트에 대한 확고한 기준이 있어 무언가를 많이 먹는 일 자체에 큰 비중을 두지 않았거든요. 하지만 그럼에도 불구하고 정말 좋아서, 늘 사서 먹고 있는 것이라면 조심스럽게 소개하기도 합니다. 그건 단지 맛이나 유행을 넘어서 저의 일상에 자연스럽게 녹아 있는 것들이니까요.

예전엔 친구가 물어보면 종이에 물건 이름이나 파는 곳 주소를 적어 알려주던 시절이었죠. 지금은 영상과 글 한 줄로도 쉽게 전달되는 시대가 되었지만, 마음만큼은 예전과 다르지 않습니다. 저는 여전히 좋았던 것을 나누고 싶다는 마음으로 이 일을 해오고 있어요.

처음엔 그저 저의 일상을 기록하고 나누고 싶어서 시작한 SNS였습니다. 하지만 지금은 그 안에 쌓인 시간과 솔직하고 성실한 콘텐츠가 누군가에게 신뢰가 되고 있다는 걸 느낍니다. 1일 1릴스를 거의 2년 가까이 이어온 저의 꾸준함도 이제는 단순한 루틴이 아니라 누군가의 삶에 도움이 되고 싶은 매너 있는 태도였다고 자신 있게 말할 수 있어요.

소개는 누군가를 설득하는 일이 아니라 그 사람의 삶을 조금 더 나아지게 해주고 싶은 진심에서 비롯됩니다. 저의 기분 좋은 오지랖은 그렇게 만들어집니다.

사람은 태도로 기억됩니다

'나는 참 많은 사람들의 도움을 받으며 살고 있구나.' 살다 보면 문득 그런 생각이 들 때가 있습니다

우리 집의 분리수거를 맡아주시는 분, 주 1회 오셔서 집 청소를 해주시는 가사관리사님, 비 오는 날에도 묵묵히 배달을 이어가는 기사님들, 정수기 필터를 갈아주는 분, 해충 방역을 도맡아주는 분들까지. 저는 이 분들의 일을 결코 단순히 직업이니까 하는 거라고 생각해본 적이 없습니다.

누군가의 하루를 편안하게 해주기 위해 불편함을 감수하는, 누군가의 삶을 받쳐주는 분들이라고 생각합니다. 그래서 저는 그분들을 볼 때면 저도 모르게 먼저 인사를 건넵니다. 심지어 2층에 있다가도 달려 내려가 계단 중간에서 물건을 받습니다.

마음 편하게 일할 수 있게 해드리려고 합니다. 청소하시는 분이 오실 때는 자리를 피해드리기 위해 운동을 가거나 마트에 가는 등 외출합니다. 의식해서 하는 행동이 아니라 그저 자연스럽게 몸에 밴 마음일 뿐이지요.

제가 사는 동네에는 분리수거를 도와주시는 부부가 계십니다. 종이박스를 정리해서 가져가면 돈을 받으신다고 하지만, 종이박스를 가져가면서 분리수거할 것들까지 가져가시는 수고에 비해 너무 적은 돈일 겁니다. 그래서 집을 지어 입주하던 13년 전부터 매달 일정 금액을 봉투에 넣어 감사의 마음을 전해왔습니다. 명절이면 우리 집에 들어온 선물 중 일부를 따로 포장해 드리기도 했고요.

어느 날 그분이 조심스레 이런 말씀을 하셨어요.

"동네에서 박스 정리하면서 돈을 주는 집은 선생님 댁이 처음이에요."

모두가 '우리 집 박스로 돈을 번다'고만 생각할 수도 있지만 저는 그렇게 생각하지 않아요. 오히려 우리가 감당하기 어려운 일을 대신해주시는 너무도 고마운 분이고, 그분이 계시기에 제가 분리수거를 해야 하는 수고를 덜고 더 쾌적하게 살 수 있다고 생각합니다.

사람의 마음은 참 묘해서 작은 말투 하나, 눈빛 하나, 손짓 하나에도 진심을 느낍니다. 정성을 담아 건넨 말 한마디와 인사 속에서 내가 존중받고 있다는 감정을 품게 되지요. 진심이란 것은 억지로 보여주는 것이 아니라 자연스럽게 드러나는 것입니다.

하지만 안타깝게도 사회 곳곳에서는 여전히 '무의식의 무례함'이 쉽게 발견됩니다. 식당에서 테이블을 닦는 직원에게 고개도 들지 않고 "여기 물!"이라며 손짓만 하는 사람, 엘리베이터 안에서 청소하는 아주머니를 투명인간처럼 지나치는 사람, 주차장 요원에게 짜증 섞인 말로 윽박지르는 사람, 배달 기사님에게 늦었다고 무례하게 화를 내는 사람.

그들은 '내가 손님이니까', '내가 돈을 냈으니까'라는 생각으로 자신의 말과 행동이 타인에게 얼마나 큰 상처가 되는지를 돌아보지 않습니다. 가끔은 이런 장면을 보는 것만으로도 마음이 불편해집니다. 마치 타인의 노동과 존재가 '서비스'라는 이유로 존중받지 못하는 세상 같아서요.

이런 일은 뉴스 속에서만 벌어지는 일도 아니고, 남의 이야기만도 아닙니다. 저 역시 사업을 하며 그런 상황을 여러 번 겪었습니다.

대기업의 프로젝트를 할 때 어떤 담당자는 협력사를 배려하며 함께 성과를 내는 파트너로 대했지만, 어떤 이는 자신이 갑이라는 이유로 무리하게 업무를 지시하고 사람을 무례하게 대하며 괴롭히는 경우도 있었습니다. 그럴 땐, 프로젝트가 아무리 크고 수익이 많아도 저는 다시 함께하지 않았습니다. 일보다 사람이 먼저니까요.

누구든, 어느 위치든, 존중의 태도는 늘 사람 사이에서 가장 먼저 가장 오래 남습니다. 품격 있는 사람은 상대가 누구든 '사람이기 때문에' 존중합니다. 그 진심은 시간이 지나면 결국 드러납니다. 잠깐 스쳐가는 인연일지라도 사람은 본능적으로 따뜻함을 기억합니다. 말투 하나, 눈빛 하나, 그 속에 담긴 예의와 배려는 오래도록 마음에 남습니다. 아무리 예의 바른 것처럼 해도 마음이 따뜻하지 않은 사람은 편하지 않습니다.

"나는 원래 솔직한 성격이야."

"나는 표현이 직설적일 뿐이야."

이런 말을 당당하게 내세우며 타인을 불편하게 하는 사

람들이 있습니다. 하지만 그런 사람 곁에 오래 머물고 싶은 사람은 없습니다. 시간이 지날수록 사람들은 그 곁을 조용히 떠나게 됩니다.

 반대로, 마음을 다해 사람을 대하고 작은 것도 기억하고 감사하며 타인의 실수를 감싸 안을 줄 아는 사람 곁에는 나이가 들어도 사람들이 머뭅니다. 그들은 '좋은 사람이 되려고 애쓰는 사람'이 아니라, '사람을 편하게 해주는 습관이 몸에 밴 사람'입니다. 그리고 바로 그들이 결국은 존중받는 사람으로 남게 됩니다.

술은 즐기되 절제할 것

좋은 술과 좋은 친구는 인생의 두 가지 축복이라는 말이 있습니다. 마치 오래된 친구처럼 술이 삶의 위로가 되어준다는 의미죠.

저는 술을 사랑하는 사람입니다. 가족이 모이면 자연스럽게 한잔이 오가고, 맛있는 음식을 먹을 땐 반주로 곁들이는 걸 즐기지요. 친구들과 마주 앉아 "짠!"을 외치는 순간엔 말로 다 하지 못할 행복이 스며듭니다. 물론 요령껏, 살찌지 않게, 즐겁게 마시는 것도 중요한 기술이지요.

술을 즐겨 마신다고 해서 늘 과하게 마시는 건 아닙니다. 오히려 저는 술자리를 가려서 할 뿐만 아니라 대부분 절제하며 마시는 사람입니다. 지금까지 단 한 번도 술에 취해 누군가를 불편하게 하거나 자리를 흐려본 적이 없어요. 즐기되 절제할 것. 그것이 함께하는 사람들을 위한 최소한의 배려라고 믿습니다.

술을 거의 매일 마시는 편이지만, 요즘은 신기하게도 자연스럽게 술이 줄었습니다. 정말 술을 사랑하던 사람도 어느 순간 조용히 멀어지게 되는 시간이 오는 걸까요? 그 흐름을 부드럽게 받아들이는 것도 나이 드는 지혜 중 하나인 듯합니다. 그래서 선배들이 마실 수 있을 때 마시라고 했나 봅니다.

술을 마시지 않는다고 해서 마시는 사람을 수시로 지적하거나 그만 마시라고 하는 이들과는 함께 술을 마시지 않습니다. 그건 간섭이고 분위기를 가라앉히는 말이니까요. 반대로, 술을 마시면서 감정에 휘둘려 시끄럽게 굴거나 무례한 행동을 하는 사람도 피하게 됩니다. 술을 함께 나눈다는 건, 단순히 술을 마신다는 게 아니라 '좋은 분위기'를 함께 만든다는 뜻이라고 생각해요.

그래서 술을 마시지 않더라도 즐겁게 자리를 함께해주는 사람, 술을 마시되 절제하고 배려하는 태도로 함께하는 사람과의 자리를 좋아합니다. 그런 사람들과 마시는 술은 종류와 상관없이 언제나 따뜻하고 즐겁습니다.

술은 마시는 방식도 중요하지만, 어떤 순간에 어떤 술을 마시느냐도 그 기억을 특별하게 만들어줍니다.

샴페인은 축하의 순간에 가장 잘 어울립니다. 반짝이는 기포처럼 기쁨이 퍼지는 시간, 생일이나 기념일에 샴페인 한 잔은 분위기를 한층 더 우아하게 만들어주지요.

레드 와인은 겨울밤과 잘 어울립니다. 조용한 음악, 따뜻한 조명 아래 고기 요리와 함께 나누는 진한 향의 와인은 사람 사이의 대화를 깊고 부드럽게 이어주죠.

화이트 와인은 해가 길어지는 봄과 여름에 특히 좋습니다. 산뜻한 음식과 가볍게 어울리는 맛 덕분에 초대받은 저녁 파티나 야외 피크닉에서 자주 즐깁니다.

소주는 구수한 국물요리나 한국식 고기구이와 더할 나위 없이 잘 어울립니다. 비 오는 날 부침개에 곁들이는 막걸리도 그 순간만큼은 어떤 고급 와인보다 낭만적이고 정겹습니다.

맥주는 친구들과의 편안한 모임, 운동 후 더위를 식히는 시간에 제격이지요. 탄산의 시원함과 목 넘김의 청량감이 피로마저 날려주는 듯해요.

이처럼 술은 상황에 따라, 기분에 따라, 그리고 함께 있는 사람에 따라 어울리는 종류도 달라집니다.

프랑스에서는 식사 전 아페리티프aperitif로 입맛을 돋우고, 식사 중엔 요리에 어울리는 와인을 곁들입니다. 식사가 끝나면 디제스티프digestif로 소화를 돕는 술을 천천히 마시며 여운을 즐기지요. 마시기 위한 자리가 아니라 식사와 대화, 삶의 품격이 자연스럽게 어우러지는 시간입니다.

일본에서는 술을 따를 땐 두 손으로 공손히 잔을 들고, 마시기 전엔 반드시 상대의 잔을 먼저 채워주는 것이 예의입니다. 자신의 잔이 비어 있어도 스스로 따르지 않고 누군가의 눈짓을 기다리는 그 조용한 배려, 그 속엔 상대를 존중하는 깊은 문화가 배어 있습니다.

영국에서는 전통적인 펍 문화가 중심이 됩니다. 함께한 사람 모두가 돌아가며 술값을 지불하는 '라운드 시스템Round System'이 기본인데, 누군가에게 한잔을 얻어 마셨다면 다음 라운드는 반드시 자신이 사는 것이 예의지요. 작은 맥주 한잔에도 신뢰와 균형을 담는 태도는 오래된 사회적 합의처럼 이어집니다.

독일에서는 '프로스트Prost'라며 건배할 때 반드시 상대의 눈을 바라보는 것이 중요합니다. 시선을 피하면 무례하다고 여겨진다고 해요. 짙은 맥주 거품 너머로 건네는 진지한 눈빛은 그 순간의 진심을 더 깊이 전하게 됩니다.

중국에서는 잔을 비우는 것이 존중의 표현입니다. 특히 연장자나 귀빈과 술을 마실 때는 자리에서 일어나 두 손으로 술잔을 들고 먼저 인사와 감사를 전하며 마시는 것이 예의입니다. 건배할 때는 상대의 잔보다 낮게 들며, "간베이干杯"를 외친 뒤 비우는 모습엔 유교적 예절과 체면 문화가 녹아 있습니다.

한국에서도 술자리 예절은 섬세합니다. 아랫사람이 윗사람에게 술을 따를 때는 두 손으로, 마실 때는 고개를 돌려 예의를 지킵니다. 소주잔을 기울이는 그 짧은 순간에도 '배려'라는 단어가 몸짓에 담기지요. 단순히 '마시는' 행위가 아니라, '함께 나누는' 시간이 되기를 바라는 마음이 전해지는 거예요.

이처럼 나라와 문화가 다르더라도 술자리는 언제나 '사람'과 '존중'이 중심입니다. 그 잔을 누구와 나누느냐 어떻게 마시느냐에 따라 술은 단순한 음료가 아니라 관계의 결을 부드럽게 만드는 도구가 됩니다.

그리고 잊지 말아야 합니다. 좋아하는 술을 좋아하는 사람들과 오래 마시기 위해서는 무엇보다 건강 관리가 우선이라는 것.

내 마음을 지켜내는 방법

저는 지금껏 살면서 누군가와 소리 내어 싸운 적이 거의 없어요. 저라고 해서 사람들과 다툴 일이 왜 없었겠어요. 하지만 거칠고 예민한 말투가 마음을 상하게 해도, 기분 상하는 상황이 와도 그 자리에서 표정을 흐트리거나 감정을 터뜨리기보다 조용히 마음을 다잡는 편이죠. 왜냐하면, 저는 감정을 쏟아내는 것보다 그 이후의 무거운 공기를 견디는 게 더 힘들거든요.

그렇다고 해서 제가 상처받지 않는 건 아니에요. 저는 감정을 들키지 않으려 애쓰는 사람일 뿐입니다. 설사 제 마음이 불편하고 불쾌함을 느꼈다 하더라도 되도록 상대에게 상처 주지 않기 위해, 저 역시 더는 다치지 않기 위해 자연스럽게 거리를 두기 시작해요.

억지로 친해지려 하지 않고 인연을 끊기보다는 조용히 멀어지죠. 그 사람이 눈치채지 못할 수도 있지만 내 마음이 어디쯤 서야 편한지는 제가 잘 알고 있어요.

그런 조용한 거리 두기가 필요한 순간은 누구나 경험하게 되지요. 특히, 내가 먼저 손 내밀고 싶지 않은 사람이라면, 그건 어쩌면 마음 깊은 곳에서 이미 답을 알고 있기 때문일지도 몰라요.

사실 저에게도 그런 친구가 있어요. 처음엔 저를 정말 좋아해주고, 어디서든 자랑하며 다니던 사람이었죠. 그 친구가 힘들었던 시절, 저는 늘 곁에 있었고 그 덕분에 우리는 오래도록 가까운 사이로 지냈어요.

그런데 시간이 흐르며 어느 순간부터 말 속에 작은 가시가 느껴졌고 은근히 깎아 내리는 듯한 뉘앙스와 무례함이 반복되었어요. 그녀는 항상 웃는 얼굴이었지만 그 안에 담긴 진심은 점점 불편하게 다가왔죠.

저는 조용히 거리를 두기로 했습니다. 상처받았다는 걸 표현하지도 않고 더 친해지려는 시도도 하지 않았어요. 그건 포기가 아니라 나를 지키기 위한 선택이었거든요.

그런가 하면 전혀 다른 감정의 관계도 있었어요. 아주 어릴 적부터 친한 친구가 있었죠. 진짜 친구, 말하지 않아도 서로를 아는, 표정만 봐도 무슨 말이 필요한지 아는 그런 사이였습니다.

하지만 아무리 오랜 친구라도 살다 보면 때때로 어긋나는 시기가 찾아오잖아요. 서로 말수가 줄고 작은 오해가 쌓이고 조금씩 멀어지는 기류가 흐르기 시작했죠. 저는 고민했어요. '이 관계도 조용히 두는 게 맞을까?' 하지만 아니었어요. 저와는 오랜 시간 함께하며 많은 추억을 함께한, 정말 믿고 좋아하는 친구였거든요. 그래서 용기를 내어 먼저 연락을 했습니다.

"요즘 우리 한참이나 얼굴을 못 본 것 같아. 나 보고 싶지 않아?"

우리는 그렇게 약간 서먹하던 시기를 지나갔습니다. 친구는 저의 연락이 고맙다고 했고요. 그 한마디에 잠시 묵혀 있던 감정이 녹아내렸고, 우리는 예전보다 더 단단하게 다시 연결될 수 있었어요.

조용히 물러나는 거리 두기가 필요할 때도 있지만 진심

을 담은 화해 역시 분명히 필요하죠. 그리고 그건 그 사람과의 관계에 믿음과 진심이 바탕이 되어 있을 때 가능한 일이랍니다.

하지만 모든 관계가 회복의 기회를 가져야 하는 건 아니에요. 내가 먼저 손을 내밀고 싶은 사람은 그 사람의 마음을 내가 믿고 있기 때문이어야 해요. 반대로 반복되는 상처와 속이 보이는 무례함에 지칠 때는 기꺼이 나를 보호하기 위한 거리두기를 선택할 수 있어야 해요. 그건 회피가 아닙니다. 내 감정을 더 이상 다치지 않게 하기 위한 조용한 용기입니다.

사람들은 때때로 말해요.
"그럴 땐 똑 부러지게 말해야지."
"왜 그렇게 소심해?"
"할 말은 해야 하는 거야."
하지만 모든 감정을 말로 풀어야만 진심이 전해지는 건 아니에요. 조용히 자리를 지키는 것도 가만히 물러나는 것도 필요할 땐 먼저 손을 내미는 것도 자신의 마음을 지키는 방법이 될 수 있어요.

저는 오늘도 누군가를 멀리합니다. 조용하게, 그러나 상처받지 않도록. 그러면서도 저를 놓치지 않도록. 그게 바로 제가 오래 지켜온 제 방식의 품위랍니다.

나이 들수록 지켜야 할 것들

첫째도 둘째도 건강 관리
정기적인 건강검진을 통해 조기 질병 발견과 예방에 힘쓰세요.
균형 잡힌 식단과 적절한 운동으로 체력을 유지하세요.
내 몸에 부족한 영양소도 신경 써서 섭취해보세요.
자세 교정, 올바른 자세로 걷기, 손목과 허리 스트레칭 등
사소한 습관도 건강 유지에 큰 도움이 됩니다.

빼놓을 수 없는 정신 건강
스트레스 관리와 취미 활동으로 정신적 안정과 활력을
유지하세요. 가벼운 운동이나 산책도 도움이 된다고 하니
무리하지 않는 선에서 노력해보세요. 친구들을 주기적으로
만나는 모임에 참석하거나 배우고 활동하는 자기계발을
멈추지 마세요. 긴 인생, 건강하고 행복하게 누려야죠.

일상 속 작은 습관
손발톱을 깔끔하게 유지하고, 피부 관리도 세심하게 해주세요.
머리와 눈썹도 자신의 스타일에 맞게 가지런히 정리하고
관리해줍니다. 사소하지만 단정한 인상에 큰 영향을 준답니다.
주변을 깨끗하게 정리하는 습관도 중요합니다.
내가 머무는 공간의 분위기가 하루의 시작과 끝을 좌우해요.

대인관계의 중요성
나이가 들어도 새로운 관계를 맺는 일이 계속 생깁니다.
좋은 인간관계는 삶의 질을 높여주죠.
가족, 친구, 이웃과의 소통을 꾸준히 유지하고
작은 배려와 관심을 보여주세요. 진심 어린 대화와 경청은
신뢰를 쌓는 가장 좋은 방법입니다. 새로운 사람을 만날 때는
열린 마음과 긍정적인 태도를 가지는 것도 중요합니다.

감사와 긍정의 마인드
매일 작은 일에도 감사하는 마음을 가지면
삶이 훨씬 풍요로워집니다. 하루를 마무리하며
오늘 감사한 일 세 가지를 떠올려보세요.
어려운 순간에도 감사와 긍정을 잃지 않으려 노력하면
매일의 일상이 더 환해지게 됩니다.

나답게 살고자 합니다

어느 절의 주지스님께서 마당 한가운데에 커다란 원을 그리셨다고 해요. 그리고 동자승에게 이렇게 말씀하셨답니다.

"내가 마을을 다녀오는 동안 이 원 안에 있으면 오늘 굶게 될 것이고, 원 밖에 있으면 절에서 쫓겨날 것이다."

막막한 조건만 남긴 채 스님은 떠났고 마당 한가운데 남겨진 동자승은 한참을 망설였겠지요. 원 안에 있자니 배가 고팠고 밖으로 나가자니 쫓겨날까 두려웠을 테니까요. 결국 동자승은 마당 한 켠의 빗자루를 조용히 들어 그 원을 부드럽게 쓸어 지웠다고 합니다. 더는 안도 밖도 존재하지 않게. 스님이 돌아왔을 때, 동자승은 굶지도 쫓겨나지도 않았고 스님은 그저 빙그레 웃으며 그 아이를 바라보았지요. 아이는 이미 답을 아는 사람이 되어 있었습니다.

그 이야기를 처음 읽었을 때, 이상할 만큼 마음이 울렸습니다. 그건 단지 지혜로운 일화가 아니라 삶의 방식에 대한 이야기로 다가왔거든요. 돌아보면 저 역시 많은 원을 마음속에 그리며 살아왔습니다. 엄마로서, 아내로서, 일하는 여성으로서, 며느리로서 사회가 기대한 역할들을 성실히 해내며 살아왔지요. 하지만 그 모든 틀 속에서도 저는 단 한 번도 '나'를 포기한 적은 없습니다.

겉으로는 흐름을 따르되 속으로는 언제나 나다운 기준을 지켜왔고, 그 기준이 나를 숨 막히게 할 땐 조용히 그 선을 지워낼 줄도 알았습니다. 저는 그렇게 살아왔습니다. 선을 그리되 지워가며, 책임을 다하되 나를 놓치지 않으며 지금의 저는 그 어떤 원에도 갇히지 않습니다. 스스로 그려낸 삶의 곡선을 따라 단정하고 자유롭게 오늘도 원 없이 살아갑니다.

저는 소리치지 않고도 영향력 있는 사람이고 싶습니다. 무엇을 주장하기보다, 살아가는 모습을 통해 생각과 감정을 전하는 사람. 누군가를 깎아 내리지 않고도 스스로를 자연스럽게 빛낼 줄 알고, 존중을 배려로 전하며 품위를 말보다는 태도로 보여주는 사람.

내가 만든 틀에 갇히지 않고 필요하다면 조용히 그 선을 지워내며 흐트러짐 없이 나아가는 사람. 나이 들수록 더욱 자유롭고 단정해지고 스스로를 가꾸되 과하지 않으며, 남을 돕되 나를 잃지 않는 사람. 늘 배우고 작은 기쁨을 아끼며, 지금 이 순간을 진심으로 사랑할 줄 아는 사람. 그런 사람이 되고 싶어서 지금도 저는 그렇게 살아가고 있습니다.

　언젠가 누군가 제게 물었습니다.
　"선배님처럼 나이 들고 싶어요. 비결이 뭔가요?"
　저는 웃으며 이렇게 말했지요.
　"나답게 살면서 나를 잃지 않는 선택을 매일 조금씩 해온 거야."
　혹시 지금, 삶이 혼란스럽고 방향이 보이지 않는 누군가가 이 글을 읽고 있다면 조용히 이렇게 전하고 싶습니다. 당신의 중심은 이미 당신 안에 있다고요. 세상이 그어놓은 선보다 당신이 만들어갈 곡선이 훨씬 더 아름답습니다.
　젊은 날엔 '어떻게 살아야 할까'를 고민했고, 지금은 '어떻게 나답게 살아갈까'를 생각합니다. 그리고 언젠가 지금의 이 글을 다시 읽게 되는 날이 온다면 저는 조용히 웃으며 이렇게 말할 수 있겠지요.

"나는 참 잘 살아왔다."

그렇게 원 없이, 나답게 살아온 시간이 제 인생에서 가장 아름다운 선물이 되어 있을 것입니다.

내 삶의 기준은 무엇인가요

인생은 늘 예기치 않은 일들로 우리를 시험합니다. 갑작스러운 시련, 끝이 보이지 않는 갈등, 때로는 사랑하는 사람과의 오해. 저 역시 그 길 위에서 수없이 넘어지고 다시 일어나기를 반복했습니다. 하지만 그 모든 순간에도 저는 스스로에게 이렇게 다짐하곤 했어요.

'어차피 지나가야 할 일이라면, 마음까지 다치지 말자. 문제의 해답을 찾고, 유쾌하고 단단하게 해결해보자.' 그건 단지 위로가 아니라 제가 제 삶을 지키기 위한 스스로와의 약속이었습니다.

결혼 3년 차였던 어느 날, 시어머님의 채무 문제가 온 가족의 짐으로 다가왔습니다. 아들이 겨우 돌을 지난 시점이었고, 저희 부부 역시 아직은 사회 초년생에 불과했지요. 그런 상황에서 며느리인 제가 이 문제를 얼마나 감당해야 하는지를 두고 마음속에서 수많은 갈등이 오갔습니다. 하지만 결국 저는 이렇게 마음을 정리했습니다.

'가족이라면, 함께 감당하는 것.'

생색을 내지도 않았고 남편의 기를 꺾지 않기 위해 조용히, 묵묵히 움직였습니다. 그때 저는 배려란 상대를 위한 조용한 헌신일 수도 있다는 걸 배웠습니다.

오랫동안 운영하던 회사에서 한 직원이 큰 금액을 횡령해 자금 위기를 맞았던 적이 있습니다. 충격과 분노보다 먼저 저는 스스로에게 물었어요. 혹시 내가 더 살폈다면 막을 수 있었던 일은 아니었을까?

그리고 곧 잃은 것보다 남아 있는 사람들을 바라보았습니다. 함께 일궈온 시간, 서로를 믿고 버텨온 팀원들. 그들이야말로 돈으로는 대신할 수 없는 제 인생의 '사람 재산'이었으니까요. 그래서 저는 감정에 휘둘리기보다 남은 사람들과 다시 손을 맞잡고, 한 걸음씩 앞으로 나아갔습니다. 지금 돌아보면, 그 선택이 제 인생에서 가장 현명한 결정 중 하나였다고 생각합니다.

아들이 진로에 대한 혼란으로 방황하던 시절, 저는 조급해하거나 다그치지 않았습니다. 부모로서 당연히 걱정은 되었지만 그보다 먼저 아이의 마음을 헤아리려 했습니다. 이 아이는 지금 얼마나 혼란스러울까. 그 마음으로 조용히 지켜보았고, 그가 스스로의 길을 찾을 때까지 믿고 기다려주는 일에 최선을 다했습니다. 그것이 제 방식의 사랑이었습니다.

남편과의 관계도 다르지 않았습니다. 인생의 많은 순간들 앞에서 저희는 서로를 탓하기보다는 함께 고민하고, 때로는 조용히 물러나며 서로를 북돋아주었습니다. 가까울수록, 오히려 적당한 거리를 두고 믿음이라는 연결고리로 이어져 있는 것. 그런 관계가 얼마나 소중한지 세월이 흐를수록 더욱 절실히 느껴집니다.

지금까지 살아오며, 저는 세 가지 마음을 지키고자 애써왔습니다.

기쁨으로 감당하기. 어떤 일이든 불평보다 기쁨으로 받아들이자고 스스로를 다독였습니다. 감사하는 마음은 어떤 상황에서도 저를 지켜주는 든든한 힘이었어요.

흔들려도 중심 잡기. 감정에 휘둘리기보다 한걸음 물러서서 바라보려고 노력했습니다. 쉽지 않았지만 그 중심을 지키려 애썼기에 무너지지 않을 수 있었습니다.

배려를 삶의 중심에 두기. 말보다 태도로 존중을 표현하는 것. 그것이 제가 선택해온 방식이었고 저를 저답게 만드는 힘이었습니다.

그리고 돌아보면 저를 가장 크게 흔든 건 세상의 시선이나 상황이 아니라 마음속의 불안과 조급함이었습니다. 하지만 그 불안을 품은 채 조용히 웃으며 살아온 날들이 결국 저를 지금의 나로 만들어주었지요. 그래서 오늘도 저는 스스로에게 이렇게 말할 수 있습니다.

"괜찮아, 잘하고 있어."

그 말은 위로이자 다짐이고 삶을 바라보는 저만의 방식이기도 합니다. 이 책에서 제가 이야기한 매너는 어떤 정답을 말하려는 것이 아닙니다. 그저 제가 살아오며 경험한 조용하지만 단단한 태도에 대한 이야기입니다. 매너는 타인을 대하는 방식이면서 동시에 내 삶을 대하는 태도이기도 하니까요.

Epilogue
좋은 태도가 빛나는 인생을 만듭니다

처음 '매너'에 관한 책 이야기가 오갈 때, 사실 저는 고민했습니다. 저라고 항상 매너 있는 태도를 유지하며 살고 있나? 분명 아닐 거예요. 하지만 사람이 언제나 완벽할 수는 없는 법, 그 자체를 인정하니 조금은 마음이 편해졌습니다. 그리고 내 삶의 기준을 단단히 잡고 중심을 잃지 않는 태도로 나와 주변 사람들을 배려하며 살아온 이야기를 나누고 싶었습니다.

돌이켜보면 저는 참 긍정적으로 살아온 것 같습니다. 하루는 친한 친구에게 이런 이야기를 들은 적이 있어요. 모든 사람에게는 다 크고 작은 어려운 일들이 찾아오는데, 저는 그 힘든 일들을 아무렇지 않게 넘기는것 같다고요. 친구가 말하더라고요. 집안에 빚이 생기면 남들은 크게 싸우고 어려움을 겪는데 저는 '빨리 메꾸자' 하고 열심히 살더랍니다. 저희는 함께 웃었습니다.

회사에 재정적인 어려움이 닥쳤을 때도 마찬가지였습니다. 길거리에 나앉을 정도는 아니니 다행이라 여기며 해결해 나갔습니다. 사정이 조금 어려워지긴 했지만 극복할 수 있는 힘이 저에게는 있었습니다. 중요한 직원과의 관계와 믿음을 잃지 않을 수 있어 참 다행이라 여겼어요. 자꾸만 좋게 생각하려는 태도가 힘든 상황을 힘들지 않게 넘어가도록 해주었던 거죠.

이제는 웬만한 시련과 역경에 시달리지 않는 나이가 되었습니다. 그래도 늘 평온한 마음가짐을 가지기 위해 노력합니다. 미지근한 물을 마시며 하루를 시작하고, 잠들기 전 스트레칭을 빼먹지 않습니다. 운동을 열심히 하고, 건강한 식단을 챙기고자 합니다. 소소하지만 매일 지키는 이러한 습관은 저의 삶을 단단하게 지켜주는 원동력이 됩니다.

제가 여러분과 나누고 싶은 매너 이야기는 이렇게 저렇게 해야 한다는 규칙에 관한 것은 아닙니다. 오히려 어떤 상황에서도 긍정적인 부분을 발견해 나은 방향으로 이끌어나가는 태도에 관한 것입니다. 혹은 어떤 상황에 처하더라도 나와 타인을 배려하며 살아갈 수 있는 태도에 관한 이야기입니다.

제가 생각하는 매너는 이렇습니다. 뒤에 오는 사람을 조용히 기다려주는 단 몇 초의 시간. 어느 장소에서든 큰소리를 내거나 과장된 행동을 하지 않는 태도. 그 순간의 감정에 치우치기보다는 한번 참고 넘어갈 줄 아는 인내와 여유. 진정한 매너란 지켜야 할 규칙이라기보다는 오히려 나와 가족, 주변 사람들 모두를 편안하게 만들어주는 배려의 다른 이름이라고 생각합니다.

저는 삶의 많은 시간을 이렇게 살기 위해 노력해왔습니다. 이 책에는 그 과정이 고스란히 담겨 있습니다. 알아두면 쓸모 있을 법한 소소한 팁들도 담았습니다.

이 책을 준비하며 저의 지난 삶을 다시 한번 돌아볼 수 있었습니다. 무엇과도 바꿀 수 없는 더없이 소중한 시간이었어요.

지금까지 잘해왔다고 스스로 칭찬해주고 싶은 기분이 들기도 했습니다. 물론 여전히 아쉽고 부족한 부분을 발견하고 더 신경 써보자고 다짐하기도 했죠.

저의 이야기가 여러분들에게 작고 낮고 다정한 목소리로 다가가길 바랍니다. 그리고 배려할 줄 아는 사람, 어느 자리에서도 품위를 지키는 사람으로 살아갈 용기를 전해드릴 수 있다면 좋겠습니다.

좋은 매너에 관하여

초판 1쇄 발행 2025년 10월 30일

지은이 권은순

주간 이동은
편집 김주현
마케팅 장기석 성스레
제작 전우석 박장혁

발행처 북커스
발행인 정의선
마케팅 이사 사공성
이사 전수현

출판등록 2018년 5월 16일 제406-2018-000054호
주소 서울시 종로구 평창30길 10
전화 02-394-5981~2(편집) 031-955-6980(마케팅)
팩스 031-955-6988

ⓒ 권은순, 2025

이 책은 저작권법에 의해 보호를 받는 저작물이므로 무단 전재 및 복제를 금지하며, 이 책의 내용 전부 또는 일부를 이용하려면 반드시 저작권자와 북커스의 서면 동의를 받아야 합니다.

ISBN 979-11-90118-95-8 (03810)

- 값은 뒤표지에 있습니다.
- 파본이나 잘못된 책은 구입하신 서점에서 교환해 드립니다.